Camino
de misión

Camino de misión

Consejos y reflexiones

Johan Carlsén

TALENTO
PUBLICACIONES
2025

Título: *Camino de misión*
Subtítulo: Consejos y reflexiones
Autor: Johan Carlsén

E-mail: johancarlsen@yahoo.es

I.S.B.N.: 978-84-129867-6-1

Edita: TALENTO Publicaciones (Samuel Juliá Cristóbal)
E-mail: info@talentopublicaciones.com
Web: www.talentopublicaciones.com

Los textos de la Biblia son de la Nueva Versión Internacional en este libro. A no ser que se indique otra versión.

Edición POD.

ÍNDICE

Introducción

Un futuro misionero de España, mientras se prepara para ir a las misiones, me habló con seriedad y me animó a escribir mi historia para inspirar y orientar a otros misioneros venideros. Al menos, él deseaba conocerla. Reflexionando sobre ello, decidí relatar mi experiencia, acompañándola de consejos dirigidos a los nuevos misioneros, con la esperanza de que sea una ayuda tanto para ellos como para quienes deseen servir a nuestro Señor Jesucristo, de una forma u otra.

Creo firmemente que Dios obra en cada persona de manera única, enseñándonos lecciones importantes. Así lo ha hecho conmigo durante mis casi 49 años en España, desde 1976, aunque estuve seis años fuera en mi país natal. Mi trabajo ha consistido en fundar iglesias y preparar ministros y obreros para la obra del Señor. Pasé 15 años en Castellón de la Plana y sus alrededores, y después, mi familia y yo vivimos unos diez años en Villajoyosa (Alicante).

Posteriormente, dediqué otros 15 años a viajar por la provincia de Alicante, iniciando nuevas obras y, especialmente, preparando ministros para estas. En ocasiones, también trabajé en iglesias ya establecidas, promoviendo desde allí nuevas iniciativas. En FRALEMA (Fraternidad de Levante, Murcia y Albacete de las Asambleas de Dios de España), participé en la enseñanza durante 25 años en la Escuela Bíblica EBSE. Más tarde, me involucré en la Facultad de Teología de las Asambleas de Dios, desarrollando programas de formación ministerial en "Extensiones". Al jubilarme oficialmente, he tenido mayor libertad para avanzar con mis estudiantes, asignatura por asignatura.

Este ha sido el contexto en el que me he movido, siempre con un par de proyectos pioneros en marcha y dedicándome a la formación de obreros durante estos últimos 15 años. Por lo general, he trabajado unos cinco años en cada lugar, pero como suelo atender varias iniciativas al mismo tiempo, he visto surgir otras obras nuevas. Además, en estos últimos 15 años he publicado unos 25 libros.

En el trabajo con equipos, delego continuamente responsabilidades, entrenando a otros en sus funciones. La formación no consiste en enseñar solamente la teoría, sino en capacitar en la práctica misma del campo. Cada obra es única, aunque ciertos principios son comunes. Por eso, es imprescindible estar en comunión con el Señor y dejarse guiar por el Espíritu Santo, quien tiene un propósito singular para cada lugar.

Cada obrero también es único en su llamado y desarrollo, lo que hace que el trabajo sea dinámico y diverso. Es una gran satisfacción formar equipos para plantar nuevas iglesias. Incluso el apóstol Pablo, modelo para todos nosotros, trabajaba en equipo. Creo firmemente que este enfoque es esencial para las iniciativas pioneras.

Con casi 73 años, noto el paso del tiempo, pero también disfruto de la sabiduría acumulada para abordar las tareas. No obstante, el ayuno y la oración siguen siendo fundamentales para escuchar la voz del Señor y ser guiado por Él. No hay atajos en la obra de Dios. La Biblia nos recuerda que Dios no llevó a Israel por el camino más corto hacia la Tierra Prometida:

> "Cuando el faraón dejó salir a los israelitas, Dios no los llevó por el camino que atraviesa la tierra de los filisteos, que era el más corto, pues pensó: «Si se les presentara batalla, podrían cambiar de idea y regresar a Egipto». Por eso les hizo dar un rodeo por el camino del desierto, en dirección al mar Rojo. Los israelitas salieron de Egipto en formación de combate" (Éx 13:17-18).

Esto también aplica a la fundación de nuevas iglesias. Mi experiencia en España me ha enseñado que, al abrir un nuevo campo, los primeros seis o siete años han sido como subir una cuesta empinada. Sin embargo, al cabo de ese tiempo, Dios interviene de manera asombrosa, añadiendo almas a la Iglesia. Es necesario "sumergirse en el lugar", amarlo e identificarse plenamente con la comunidad, lo cual tiene un precio y tarda su tiempo. Este principio de identificación refleja la encarnación de Jesucristo, quien se hizo hombre y vivió entre nosotros. Desde esa identificación, estamos llamados a ser sal y luz, viviendo la vida de Cristo.

Por ello, mi pregunta para ti es: ¿Estás dispuesto a pagar el precio para ser un siervo de Dios? ¿A dedicar tu vida, tiempo y energías a Él? Jesucristo debe ser nuestro Señor, y nosotros sus siervos o "esclavos" (en griego *doulos*, δούλος). El apóstol Pablo se describía así en todas sus cartas. ¿Estás dispuesto a entregarte al mejor Señor que jamás haya existido? ¡Nadie es como Jesucristo!

La obra le pertenece a Él, y Él es quien se encarga de ella. Durante la travesía del pueblo de Israel hacia la Tierra Prometida, dice la Escritura:

> "De día, el SEÑOR iba al frente de ellos en una columna de nube para indicarles el camino; de noche, los alumbraba con una columna de fuego. De ese modo, podían viajar de día y de noche. Jamás la columna de nube dejaba de guiar al pueblo durante el día ni la columna de fuego durante la noche" (Éx 13:20-22, NVI).

Dios guía a su pueblo, y está con él. En el Nuevo Testamento, Jesucristo nos asegura:

> "Se me ha dado toda autoridad en el cielo y en la tierra. Por tanto, vayan y hagan discípulos de todas las naciones, bautizándolos en el nombre del Padre, del Hijo y del Espíritu Santo, y enseñándoles a obedecer todo lo que les he mandado a ustedes. Y les aseguro que estaré con ustedes siempre, hasta el fin del mundo" (Mt 28:18-20, NVI).

Este pasaje incluye varios *todos* importantes:
1. Toda autoridad le pertenece.
2. Todas las naciones son su objetivo.

3. Nos manda a **enseñar todo** lo que Él ha ordenado.

4. Promete estar con nosotros **todos los días**, hasta el fin del mundo.

Jesucristo nos acompaña cuando trabajamos en Su nombre. Esa es nuestra mayor garantía.

Johan Carlsén
johancarlsen@yahoo.es

Lección 1:
El llamado de Dios

49 años de servicio como misionero en España

Llevo ya casi 49 años como misionero en España, y en este tiempo he vivido muchas experiencias que han marcado mi vida. Al reflexionar sobre ellas, comprendo que el punto de partida es fundamental, porque *"el evangelio es el poder de Dios para salvación"* (Ro 1:16). Todo empieza en Dios y termina en Él. Ser misionero, que significa "enviado", implica ser alguien autorizado y comisionado por Dios, quien respalda la misión con Sus recursos en todos los sentidos. Este es mi testimonio después de tantos años: *Dios nunca me ha fallado.*

El "poder" para dejarlo todo y seguir el llamado

El apóstol Pedro fue llamado por Jesús para ser "pescador de hombres". La Biblia relata que dejó sus redes y siguió al Maestro. Pedro tenía una familia, incluyendo a su suegra, pero recibió el "poder" para abandonar todo y consagrarse al ministerio junto a Cristo. En ningún momento se menciona que su familia pasara necesidades; incluso, cuando su suegra enfermó, Jesús la sanó. De manera similar, la fe en Dios nos capacita para dar pasos que parecen imposibles. Yo también lo he vivido, y he llegado a entender que el secreto de todo está en el llamado de Jesucristo.

Cuando estudiaba en el seminario de *Helgelseförbundet* (significa "Pacto de Santidad") en Suecia, buscaba intensamente a Dios en oración para discernir Su voluntad en mi vida, especialmente en dos aspectos fundamentales:

1. Qué trabajo deseaba Él para mí.
2. Si me casaría, y en caso afirmativo, con quién.

Un día, mientras estaba en el estacionamiento del seminario, experimenté algo inolvidable. Tenía un coche viejo de segunda mano, y al intentar entrar en él, escuché una voz fuerte, audible, que al mismo tiempo resonó en mi interior. La voz me dijo: *"Vete a España"*. Miré alrededor, pero no había nadie. Entendí que era Dios quien me hablaba.

La voz de Dios es única y permanece para siempre. Cincuenta años después, aquel llamado sigue vivo en mi corazón, como si lo hubiera escuchado ayer. Es algo que transforma tu ser y te impulsa a actuar. Hay que obedecer.

La incomprensión

Lo primero que puede sorprendernos es la incomprensión. Tu familia no entiende por qué te marchas lejos de ellos. La iglesia cree que podrías servir a Dios entre ellos, en tu propio país. Algunos me decían: *"¿Por qué ir a España? Es un país europeo y rico. ¿Por qué no vas a África?"*. Ni siquiera yo había estado en España, pero había pasado por la mayoría de los países europeos occidentales evangelizando con un equipo que salía de una iglesia sueca.

No esperes que la gente, ni siquiera tus amigos, comprendan tu llamado. Dios sabe por qué te llama, y es posible que ni tú lo entiendas completamente en un principio. Para obedecer, debes enfocarte en discernir cuáles son tus primeros pasos.

Aprendiendo español y respondiendo al llamado

Para responder al llamado, tuve que aprender español. Había leído en un libro del Dr. Michael Griffith que la mejor forma de aprender un idioma es vivir en el país donde se habla, ya que no solo se adquieren vocabulario y gramática, sino también una manera de pensar y de comprender la cultura. Por ello, en otoño de 1976, decidí trasladarme a España, a la Costa del Sol, junto con mi esposa (nos casamos en 1975) y dinero suficiente para tres meses.

Sin embargo, el misionero sueco en Costa del Sol al que visitábamos enfermó gravemente y necesitó una operación de corazón en Suecia. Antes de partir, me pidió que me quedara a cargo de la obra mientras él se recuperaba, un proceso que tomaría varios meses. Al principio, dudé, ya que no contábamos con respaldo económico ni con una iglesia que nos apoyara. Pero recordé cómo Dios había provisto milagrosamente durante mi juventud, cuando viajé por Europa en un autobús de Jesús. Con fe, acepté quedarme.

Hice un pacto con Dios: si Él nos sostenía económicamente, permaneceríamos en España; pero si alguna vez nos faltaba algo, regresaríamos a Suecia. Han pasado 49 años desde entonces, y nunca nos ha faltado nada. Aunque hemos enfrentado pruebas, Dios siempre ha provisto, incluso en los momentos más difíciles.

Las pruebas como preparación para el ministerio

Dios utiliza *las pruebas* para formarnos. Así como Jesús, después de ser bautizado, fue llevado por el Espíritu al desierto para ser tentado, también nosotros enfrentamos desafíos que nos fortalecen. Al principio, Jesús entró al desierto *lleno* del Espíritu, pero después de la prueba salió en *el poder* del Espíritu (*cf.* Lc 4:1, 14). Las pruebas son una parte esencial de nuestro desarrollo en el ministerio.

No se trata solo de contar con recursos materiales, sino de llevar la Palabra de Dios con poder, ministrando en el nombre de Jesucristo. A lo largo de estos años, nunca he trabajado en un lugar sin que se haya levantado una iglesia. He visto cómo Dios cumple sus promesas: salva, perdona pecados, sana enfermedades y libera a los cautivos, tal como lo declara la Biblia. Esto es completamente su obra.

La importancia del llamado y la obediencia

El punto de partida es el llamado de Dios. Nuestra respuesta debe ser la obediencia. En el llamado está el poder necesario para cumplirlo, aunque al principio no entendamos todo lo que implica. Dios va revelando Su plan poco a poco. Por ello, quiero animarte con algunos consejos para comenzar este caminar:

1. Busca a Dios en oración para discernir Su voluntad en tu vida. El mismo nos pide que oremos por obreros: *"La cosecha es abundante, pero son pocos los obreros —dijo a sus discípulos—. Por tanto, pidan al Señor de la cosecha que envíe obreros a su campo"* (Mt 9:37-38). Oramos a Dios por estos obreros.

2. Confía en que Él proveerá lo necesario para cumplir el llamado. Yo fui probado en esto, y vi cómo me sostuvo, y esto me afirmó en el llamado.

3. No temas las pruebas; son oportunidades para experimentar Su poder y fidelidad, y una manera de crecer.

4. Permanece fiel al llamado, aunque los recursos o el camino parezcan inciertos. En Isaías 55:9 dice Dios: *"Mis caminos y mis pensamientos son más altos que los de ustedes; ¡más altos que los cielos sobre la tierra!"*.

El llamado de Dios transforma vidas y abre caminos donde no los hay. ¡Confía en Él y da el paso! Espero que mi vida haya sido un reflejo de esto. Aquí tendría muchos ejemplos que contar.

Empoderamiento por la misión de Dios

Básicamente. el empoderamiento está en la orden de Jesucristo en Mateo 28:19-20:

"Por tanto, vayan y hagan discípulos de todas las naciones, bautizándolos en el nombre del Padre y del Hijo y del Espíritu Santo, enseñándoles a obedecer todo lo que les he mandado a ustedes. Y les aseguro que estaré con ustedes siempre, hasta el fin del mundo".

Es normal sentirse pequeño e inútil ante los desafíos. Moisés tenía *muchas excusas* para no ir. Pero experimentó, que Dios iba con él. La presencia de Dios hacía toda la diferencia.

Tomemos este ejemplo de Moisés, cuya misión fue un acto de liberación extraordinario. En su llamado a liberar al pueblo hebreo de la esclavitud en Egipto y guiarlos hacia la Tierra Prometida, Dios lo empoderó para realizar grandes milagros. Moisés abrió el mar, vio cómo el maná sustentó al pueblo en el desierto y experimentó la presencia divina de una manera única. En cada situación, Dios tenía una respuesta.

Es importante entender que no fue Moisés quien hizo algo especial por sí mismo, sino que fue Dios quien cumplió Su promesa a Abraham de liberar a su descendencia de la esclavitud en Egipto (*cf.* Gn 15). Dios siempre cumple lo que promete y provee de lo necesario para que se lleve a cabo. Al aceptar la misión de Dios y responder positivamente a Su llamado, Moisés fue capacitado para realizar lo que Dios tenía planeado. Moisés nunca pudo haber imaginado lo que supondría esta liberación y lo que iba a ver en este camino con Dios.

De la misma manera, cuando Dios te llama a una misión específica, también te da los recursos necesarios para cumplirla. No te envía sin preparación; Él mismo estará contigo, asegurándose de que todo lo necesario se haga realidad. Moisés había pasado 40 años en Egipto y 40 años en el desierto de Madián.

Es crucial distinguir entre la persona y la misión. Podemos compararlo con una empresa: quienes están a cargo necesitan los recursos adecuados para cumplir los objetivos de la organización.

Consejos para nuevos misioneros

1. El llamamiento

Mi primer consejo es no salir al campo misionero a menos que tengas la certeza de tu llamado. Algunas personas se embarcan en misiones movidas por sentimientos religiosos, el deseo de explorar el mundo o la intención de impresionar a otros. Sin embargo, si *la motivación* es tu propio ego y no un llamado genuino de Dios, el resultado será el fracaso. Debes estar seguro de que Dios te ha llamado y tener claridad sobre cuál es tu ministerio para saber qué vas a hacer.

2. Ser enviado

Es fundamental que cuentes con el respaldo de una iglesia o misión que te envíe. En mi caso, salí para aprender el idioma como preparación para el trabajo misionero. Sin embargo, por circunstancias fuera de mi control, terminé quedándome en España. Pasaron casi seis años antes de tener una iglesia o misión que me respaldara, pero durante ese tiempo experimenté la provisión divina, lo que fortaleció mi llamado. Este periodo de espera fue una preparación que Dios utilizó para afirmarme. Mi consejo es que no salgas sin ser enviado por una iglesia o misión que asuma responsabilidad por ti, como lo hicieron en su momento con Bernabé y Pablo desde la iglesia de Antioquía (*cf.* Hch 13:1-3). La palabra "misionero" proviene del latín; "apóstol" es la palabra griega, y ambas significan "enviado". Esto nos recuerda que, si somos enviados, *alguien* debe enviarnos.

3. La preparación

Es esencial prepararse antes de salir al campo misionero. Pablo esperó aproximadamente doce años desde su conversión hasta ser enviado a las misiones. Esta paciencia y preparación son vitales para el éxito en el ministerio. Marcos, por ejemplo, salió con Bernabé y Pablo, pero abandonó la misión y regresó a casa. Esto más tarde causó un desacuerdo entre ellos (Hch 15:35-39). Sin embargo, con el tiempo, Marcos maduró y se convirtió en un motivo de gozo y fortaleza para las iglesias, al punto de que Pablo dijo:

> "Solo Lucas está conmigo. Toma a Marcos y tráele contigo, porque me es útil para el ministerio" (2 Ti 4:11).

Como jóvenes, a menudo somos impacientes y resistimos la sabiduría de quienes tienen más experiencia, pero esto es un error. La preparación que Dios realiza en nuestra vida es fundamental para el ministerio, especialmente en áreas como la fortaleza para soportar pruebas y llevar la cruz de Cristo. Si asumimos responsabilidades demasiado pronto, sin la madurez necesaria, fracasaremos, como el hijo pródigo que desperdició su herencia porque no estaba preparado para administrarla.

La madurez incluye aprender a depender de Dios y reconocer Su tiempo perfecto. Debemos estar dispuestos a decir: *"Señor, cuando tú quieras y consideres que estoy listo"*. La dependencia total en Dios es esencial para ser un verdadero siervo suyo. Solo cuando vivimos y dependemos de Él podemos cumplir Su propósito.

4. El sufrimiento: saber sufrir

El choque cultural que se experimenta al venir a un nuevo país hace que te tengas que desvestir de muchas tradiciones tuyas, de ideas culturales que llevas contigo, y estar dispuesto a "identificarte" con todo lo bueno y correcto en la nueva cultura.

Gran parte del ministerio consiste en predicar a Jesucristo y, a menudo, sufrir por Él. Este llamado implica adentrarnos en culturas y pueblos desconocidos, lo que exige aprender a adaptarnos a ellos. Es necesario morir a nosotros mismos y permitir que Cristo brille en nuestra vida. Ser moldeados por la nueva naturaleza de Cristo es fundamental para el ministerio. Debemos saber ajustarnos a las culturas, como lo hizo Pablo en Atenas cuando utilizó el altar al "Dios desconocido" para compartir el evangelio (*cf.* Hch 17).

Pablo sufrió enormemente por Cristo y por su ministerio entre los gentiles: encarcelamientos, maltratos y persecuciones. En 2 Corintios 11, detalla todo lo que tuvo que soportar por su servicio. Así como él enfrentó adversidades, nosotros debemos estar dispuestos a sufrir, confiando en que Dios nos fortalece y nos guía en todo momento.

5. La unidad: ser uno en el campo misionero

Desde mi llegada a España en 1976, he visto cómo la falta de unidad puede dificultar la obra de Dios. En esos años, cada misión buscaba levantar su "propia bandera": estadounidenses, suecos, finlandeses, ingleses, noruegos, todos trabajando por separado. Sin embargo, hacia 1983 (si la memoria no me falla), los españoles, con la guía de Dios, formaron las Asambleas de Dios de España, con estatutos propios que unificaron el trabajo misionero. Esto permitió que, unos años después, todas las misiones trabajáramos bajo una misma cobertura.

La unidad en el ministerio ha sido esencial para el crecimiento de la obra. No debemos destacar "nuestra misión", sino a Cristo y Su obra. El orgullo humano es un peligro para el crecimiento del reino de Dios, ya que lleva consigo el germen de la división. Este individualismo, disfrazado muchas veces de protagonismo, puede minar el propósito de Dios. Por eso, debemos aprender a amar sinceramente, considerando a nuestros hermanos como más importantes que nosotros mismos, y trabajando juntos para la gloria de Dios.

6. Empoderados: la certeza de que Dios está con nosotros

La misión no es nuestra, sino de Dios. Participamos en algo que Él preparó de antemano (*cf.* Ef 2:10). Él está con nosotros, y nuestra tarea es aprender a comunicarnos con Él, escucharlo y obedecerlo. Debemos pedirle que nos libre de la vanagloria, la maldad, la ira y la avaricia, evitando hacer nuestra propia voluntad o usar Su nombre para beneficio personal.

Un verdadero siervo de Dios vive en santidad, amor y misericordia, alineado con Su misión. Cuando actuamos así, Dios nos empodera para cumplir con todo lo que nos ha encomendado. Su poder se manifiesta en "nuestra debilidad" (*cf.* 2 Co 12), sanando a los enfermos, liberando a los cautivos, expulsando espíritus malignos y estableciendo Su iglesia con líderes capacitados para continuar Su obra.

Permítanme compartir una experiencia de mi juventud. Cuando era un joven creyente, visitaba la residencia de ancianos de mi pueblo, donde mi madre trabajaba en la cocina. Llevaba mi guitarra, cantaba, leía la Biblia y hablaba de la salvación en Cristo. Un día conocí a una mujer que, con tristeza, me confesó: "Yo no puedo ser salva". Sorprendido, le pregunté por qué. Me explicó que en su juventud había cometido una falta, y el sacerdote del pueblo la había maldecido, asegurándole que nunca sería salva.

Indignado, pero guiado por el Espíritu Santo, le leí Mateo 18:18: *"Todo lo que aten en la tierra quedará atado en el cielo, y todo lo que desaten en la tierra quedará desatado en el cielo"*. Le dije: "Si ese hombre te ató, yo, como siervo del Señor, te desato de esa atadura en el Nombre de Jesucristo". Oré por su salvación.

Dos semanas después, volví a la residencia y la vi. Su rostro resplandecía, y con una voz débil pero llena de gozo, me dijo: "Ahora soy libre. Él me ha liberado y me ha perdonado". Fue un momento transformador para ella y también para mí, un recordatorio del poder de Dios para cambiar vidas. Poco tiempo después, falleció. Saber que Dios usó ese encuentro para darle libertad y paz en sus últimos días es algo que siempre recordaré.

Este testimonio nos anima a confiar en que Dios nos da el poder y los recursos necesarios para cumplir Su misión, transformando vidas para Su gloria.

Mi biografía

Venimos a esta vida gracias a nuestros padres; en mi caso, ellos fueron Lennart y Sylvia Carlsén, unos padres amorosos. Vivían en Skirö, en el actual municipio de Vetlanda, en Småland, Suecia. Cuando tenía casi un año, sufrí un accidente que marcó mi infancia. Estaba en la etapa de aprender a caminar y, al caer, me golpeé la cabeza con tanta fuerza que sufrí un derrame cerebral. Mi vida corría peligro y los médicos no tenían solución.

Mi padre era un apasionado de la pesca. Cerca de nuestra casa había dos lagos donde solía lanzar sus redes. En el terreno de nuestro jardín se encontraba la fábrica donde trabajaba, que fue construida por mi abuelo. Inicialmente, era una serrería, pero con el tiempo se transformó en una fábrica de muebles que producía piezas elaboradas y artesanales para su época. Sin embargo, la rentabilidad disminuyó y, para sobrevivir, la empresa comenzó a fabricar muebles más sencillos. Incluso llegó a colaborar con IKEA, que surgió en nuestra región, lo que ayudó a mantenerla activa por algunos años más.

Recuerdo con cariño las veces que acompañé a mi padre a pescar lucios europeos (*Esox lucius*), un pez muy común en los lagos suecos. Mi madre preparaba este pescado con una salsa de nata que a mi padre le encantaba, y aprendí a disfrutarlo también. A mediodía, él volvía de la fábrica, que estaba a solo 100 metros, para compartir la comida en familia.

Un día, mientras mi madre cocinaba el pescado, yo, siendo un bebé de once meses, tiré de su falda con fuerza para llamar su atención. Al perder el equilibrio, caí hacia atrás y me golpeé la cabeza. En el hospital, los médicos no podían hacer nada; en los años 50, un derrame cerebral en Suecia era incurable. Sin embargo, por la gracia de Dios, mi cerebro reabsorbió la sangre, y mi vida fue preservada. Hoy entiendo que Dios tenía un propósito para mí.

¿Tiene la vida un propósito?

¿Conoce Dios a cada uno de nosotros por nuestro nombre? Jesucristo afirmó que incluso los cabellos de nuestra cabeza están contados. Dios nos conoce profundamente y nos crea con un propósito. En las Escrituras, encontramos ejemplos de personas que fueron llamadas incluso antes de nacer: Juan el Bautista, Jeremías e incluso María, quien recibió el anuncio de que daría a luz al Hijo de Dios antes de estar embarazada. Sus pensamientos y planes sobrepasan nuestro entendimiento.

El amor de Dios es maravilloso:

> "Porque de tal manera amó Dios al mundo, que ha dado a su Hijo unigénito, para que todo aquel que en él cree, no se pierda, sino que tenga vida eterna" (Jn 3:16).

Según Su presciencia, Dios nos llama al ministerio por gracia. Aunque no sé los detalles de la relación de mis padres con Dios, creo que en esos momentos de angustia ellos me entregaron al Señor. Estoy seguro de que, al igual que yo, cada persona tiene una historia que refleja el propósito de Dios en su vida.

El Salmo 138:8 dice:

> "El Señor cumplirá su propósito en mí. Tu gran amor, Señor, perdura para siempre; no abandones la obra de tus manos".

Mi encuentro con Cristo

A los 12 años, mis padres se mudaron a Lammhult, en el municipio de Växjö, a unos 90 km de mi lugar de nacimiento. Desde allí, fui a un campamento de jóvenes de verano, y conocí personalmente a Jesucristo. El evangelio transformó mi vida, haciéndome una nueva criatura en Cristo. Fui bautizado en agua y, poco después, recibí el bautismo en el Espíritu Santo en la iglesia evangélica del pueblo. Recuerdo que "una hermana en la fe" me comentó que había hablado en lenguas (*la glosolalia*) durante 20 minutos. Fue un momento único en mi caminar con Dios.

Lammhult se convirtió en nuestro hogar familiar. Mis padres, mis suegros y más tarde nosotros mismos como familia residimos allí durante décadas. Este pueblo siempre será especial para mí, aunque en el año 2025 nos mudamos a un pueblo cercano.

El llamado de Dios

Dios me sacó de este lugar y me envió a España, pero primero tuve que pasar la preparación que fue así. Durante un par de años viajaba con un equipo de evangelización por Europa, después de terminar mi examen de ingeniero de construcción. Después entré también un año en el servicio militar, y de allí fue a un seminario bíblico, donde pasé dos años. Os he contado antes que fue en este seminario que Dios me dijo: *"Vete a España"*. Nunca había estado en España, ni conocía para nada el idioma español, que entendí debía ser mi primera conquista en mi camino hacía España. Para aprender español fui impulsado a ir a un misionero en Costa del Sol para aprenderlo.

El llamado de Dios no solo transforma, sino que *nos capacita* para obedecerle. El evangelio es poder de Dios para la salvación, pero también nos libera para cumplir Su propósito.

Ser llamado a la salvación y ser llamado al ministerio son dos actos diferentes de Dios en nuestras vidas, pero están profundamente entrelazados. Como dice Romanos 1:16-17:

> "No me avergüenzo del evangelio, porque es poder de Dios para la salvación de todos los que creen: de los judíos, primeramente, pero también de los gentiles. De hecho, en el evangelio se revela la justicia que proviene de Dios, la cual es por fe de principio a fin, tal como está escrito: 'El justo vivirá por la fe'".

Por la gracia de Dios somos salvados, llamados y capacitados para servir en Su obra. Vivimos por fe en Jesucristo, y esta fe es el canal que Dios utiliza para poner Su llamado en acción. Salir a servir a Dios es un acto de confianza y dependencia total en Su dirección.

Lección 2:
Ser dirigido al campo de trabajo

¿A dónde voy?

Tenemos un relato sobre el apóstol Pablo y su equipo misionero. Pablo le dijo a Bernabé:

> "Volvamos a visitar cada una de las ciudades donde ya antes predicamos la palabra del Señor, para ver cómo están los nuevos creyentes" (Hch 15:36).

Inicialmente, Bernabé quería llevar consigo a su sobrino Marcos, pero Pablo no estuvo de acuerdo, así que eligió a Silas como compañero. Así surgieron dos equipos misioneros. En este segundo viaje, Pablo recorrió las iglesias de Frigia y Galacia, y la historia continúa así:

> "Atravesaron la región de Frigia y Galacia, ya que el Espíritu Santo les había impedido predicar la palabra en la provincia de Asia. Cuando llegaron cerca de Misia, intentaron pasar a Bitinia, pero el Espíritu de Jesús no se lo permitió. Entonces, pasando de largo por Misia, bajaron a Troas. Durante la noche, Pablo tuvo una visión en la que un hombre de Macedonia, puesto de pie, rogaba: «Pasa a Macedonia y ayúdanos». Después de que Pablo tuvo la visión, enseguida nos preparamos para partir hacia Macedonia, convencidos de que Dios nos había llamado a anunciar las buenas noticias a los macedonios" (Hch 16:6-10).

En este pasaje, vemos que Pablo y su equipo no tenían un plan claro de parte de Dios sobre cómo avanzar. Pero Dios siempre va delante de nosotros y nos guía. Lo importante es nuestra buena disposición de cumplir con nuestro ministerio.

El texto nos muestra dos momentos importantes:

1. *"Atravesaron la región de Frigia y Galacia, ya que **el Espíritu Santo les había impedido** predicar la palabra en la provincia de Asia"*. El Espíritu se lo impidió.
2. *"Cuando llegaron cerca de Misia, intentaron pasar a Bitinia, pero **el Espíritu de Jesús no se lo permitió"***. El Espíritu de Jesús se lo impidió.

¿Alguna vez has intentado hacer algo "para el Señor" y sientes en tu corazón una señal clara que dice "detente" o "no lo hagas"? Eso fue lo que les ocurrió a Pablo y a su equipo, dejándolos en una situación llena de preguntas.

Finalmente, *"durante la noche, **Pablo tuvo una visión** en la que un hombre de Macedonia, de pie, le rogaba: «Pasa a Macedonia y ayúdanos»"*.

Las instrucciones de Dios llegaron durante la noche, en un sueño. La dirección de Dios nunca llega tarde, sino en el tiempo preciso.

Una experiencia personal de ser dirigidos por Dios

Algo similar viví durante mi tiempo en el equipo del autobús de Jesús, con el que evangelicé por Europa durante dos años. Una vez, en Suecia, la esposa del líder tuvo un sueño en el que nos vio en Italia. No teníamos recursos para llegar allí y tampoco conocíamos el lugar, pero ese mismo día alguien llamó a nuestra puerta: un agricultor local, quien, de manera tímida, nos entregó un sobre. Dijo que Dios le había indicado que debía dárnoslo. El sobre contenía el dinero necesario para nuestro viaje, y en ese viaje organizamos una campaña de verano en el sur de Italia con 17 jóvenes suecos para el verano siguiente. Esto me enseñó cómo Dios dirige las cosas incluso cuando no sabemos qué hacer.

En este viaje de exploración, estuvimos yo y el líder solamente, y se rompió el generador eléctrico del pequeño autobús en el que vivíamos durante nuestra travesía, y tuvimos que gastar todo el dinero en repararlo en Italia. Solo nos quedaba una visita en Génova, así que nos dirigimos allí. Después de predicar y prepararnos para partir, el pastor se acercó y le entregó algo de dinero a mi líder. Esa cantidad fue suficiente para llegar a Suiza, donde íbamos a encontrarnos con un hombre danés que vivía en Zúrich.

En Zúrich no celebramos ningún culto, ya que solo estuvimos un breve tiempo. Sin embargo, ocurrió lo mismo: este hombre nos dio dinero, y gracias a ello pudimos llegar a Dinamarca. Allí, mi líder tenía a su madre en Århus, y nos quedamos con ella un par de días. Antes de despedirnos, nos pidió que la lleváramos al banco porque quería dar algo de dinero para sus nietas en Suecia. Con ese dinero logramos regresar a casa.

Así pude ver cómo Dios nos proveyó lo necesario, una y otra vez, para que pudiéramos avanzar y cumplir con nuestro ministerio. Esto fortaleció mi fe en la provisión divina y me preparó para lo que iba a experimentar en España en el futuro.

Ser guiados al lugar de trabajo

Es crucial estar en el lugar donde Dios quiere que trabajemos. En mi caso, Él me dijo: *"Vete a España"*, y obedecí. Al llegar, me acompañó un misionero experimentado, quien llevaba años trabajando allí. Fue un tiempo de aprendizaje, no solo del idioma, sino también de cómo se levantan iglesias. El equipo, compuesto por entre ocho y doce personas, estaba levantando cuatro iglesias. Durante dos años y medio estuvimos yo y mi esposa con ellos.

Luego sucedió algo inesperado: un ministro llegó a la iglesia en Málaga, y hubo un avivamiento. Alrededor de 50 jóvenes entregaron su vida al Señor, y él y su familia sintieron el llamado de quedarse allí para pastorear. Este ministro provenía de Castellón de la Plana, donde un grupo de cinco hermanos se había quedado sin liderazgo. Alguien debía continuar esa obra, y, dado que éramos un equipo numeroso, algunos debíamos ir a Castellón. Me tocó a mí y a otro ministro español. El primero de enero de 1979 llegamos a Castellón. Durante 15 años iba a ser nuestra casa.

Cómo obra Dios

"Ahora bien, hay diversos dones, pero un mismo **Espíritu**. Hay diversas maneras de servir, pero un mismo **Señor**. Hay diversas funciones, pero es un mismo **Dios** el que hace todas las cosas en todos" (1 Co 12:4-6, énfasis mío).

Se ve los tres personajes de la divinidad operando:

- **El Padre**: Dios actúa en *las circunstancias* y organiza todo según los roles que ha establecido. Por esta razón, estamos en el lugar y momento correcto, cumpliendo la función asignada por el Padre. La Reina-Valera de 1960 utiliza el término *"operaciones"*, indicando que Dios Padre opera en nuestra historia y circunstancias. En esta traducción de NVI dice: *"pero es un mismo Dios el que hace todas las cosas en todos"*.

- **Jesucristo:** dirige, y otorga *los ministerios*, trabaja en el ministro, guiándolo hacia el campo de trabajo y mostrándole lo que debe hacer. El texto dice: *"Hay diversas maneras de servir, pero un mismo Señor"*.

- **El Espíritu Santo**: reparte *sus dones*, nos guía para cumplir la voluntad de Dios e impartir Su gracia a los oyentes, dándonos las palabras que debemos predicar (*cf.* Ef 6:19-20).

Así como Dios guio a Israel en el desierto mediante la columna de nube y fuego, no permitiendo que se equivocaran en el camino, Jesucristo, como cabeza de la Iglesia, guía a sus miembros para que se cumpla Su voluntad. Nunca estamos solos en el ministerio. Por eso, tengamos fe: Dios siempre se encarga de Su obra.

Tened fe en Jesucristo como cabeza de la Iglesia
Jesucristo está al frente de su obra y nos dirige al lugar donde debemos servir. Es fundamental estar en el lugar co-

rrecto, en el momento adecuado. Debemos confiar plenamente en que Dios sabe cómo dirigir su obra y a nosotros mismos según Su voluntad.

En el relato de Pablo, vemos cómo él ya había trabajado en Galacia, en Asia Menor, y quería regresar para visitar a los hermanos en ese lugar. Emprendió el viaje con su equipo, pero en este segundo recorrido misionero, el Espíritu Santo y Jesucristo le cerraron ciertas puertas, guiándolo hacia Europa, a Filipos y luego a varias ciudades de Macedonia y Grecia. Este proceso demuestra cómo, al avanzar en nuestro camino, Dios nos dirige continuamente. Por eso está escrito: ***«El justo vivirá por la fe»*** (Ro 1:17).

Consejos de un misionero veterano

1. Tened absoluta convicción de que quien te llamó también sabe a dónde te llevará

Es posible que pases por un tiempo de adaptación y entrenamiento antes de ser enviado a un nuevo campo. Es fundamental aprender a integrarte en el equipo que ya está trabajando en el lugar.

2. Distingue entre el lugar geográfico y el tiempo de Dios.

En su primer viaje, Pablo fue enviado a Galacia, pero en su segundo viaje, se le prohibió ir a ciertos lugares que tenía en mente. Un sitio puede ser el correcto en un momento, pero no en otro. Es crucial discernir **"los tiempos de Dios"** para cada lugar. Solemos hablar del *"kairos"* de Dios. *"Kairos"* es griego y significa *"el tiempo señalado en los propósitos de Dios"*. (Esto en comparación de la palabra *"cronos"* para tiempo, que parte el tiempo en horas, días, meses y años).

3. Entiende tu función en el cuerpo de Cristo.

1 Corintios 12 habla de cómo el cuerpo tiene muchos miembros, cada uno con una función específica. Si un miembro no está conectado con el cuerpo, no puede funcionar.

Como misionero, no puedes trabajar aislado; debes colaborar con otros en el **Cuerpo de Cristo**. En 1 Corintios 12:12-14 se nos dice:

> "Aunque el cuerpo es uno solo, tiene muchos miembros, y todos los miembros, no obstante ser muchos, forman un solo cuerpo. Así sucede con Cristo. Ahora bien, el cuerpo no consta de un solo miembro, sino de muchos".

Cada miembro cumple una función esencial, y es vital coordinar las actividades bajo la guía de Cristo, quien es la cabeza. Esto requiere:

- **Humildad** para aceptar a los hermanos y servir con ellos. Por ejemplo, primero el pie lleva el cuerpo al lugar, para que "la mano" pueda hacer su trabajo, gracias a la ayuda del "ojo". El cuerpo muestra el trabajo en equipo.

- **Comunión** con otros miembros, fomentando la unidad y el trabajo en equipo. Saber hablar y comunicarse con otras personas de otras culturas es esencial, que no suele ser difícil en la iglesia del Señor, porque tenemos el mismo Espíritu Santo.

- **Dependencia del Espíritu Santo,** quien otorga dones carismáticos para ministrar y edificar. En el ejemplo de Pablo, vemos que en un momento crítico vio una visión, que le indicaba lo que Dios quería para ellos.

4. La unidad es esencial. Jesucristo oró por ella en Juan 17:23:

> "Permite que alcancen la perfección en la unidad, y así el mundo reconozca que tú me enviaste y que los has amado a ellos tal como me has amado a mí".

Por eso no debes permitir la división en tu corazón.

¿Cómo fue mi llamado?

He relatado cómo Dios me llamó a España a través de su voz audible. En aquel momento tenía una novia que también estudiaba en el seminario bíblico. Lo primero que pensé fue: *"Debo contárselo. Si no quiere acompañarme a España, entonces no es la persona adecuada para mí".*

Fui a hablar con ella, y para mi sorpresa, me contó que cuando tenía 14 años, durante un culto en Jönköping en Suecia, un grupo de españoles de Málaga que les visitaba había profetizado que ella iría a España. Aunque yo no sabía nada de esto, ella lo había guardado en su corazón. Mi reacción fue: *"Entonces, puedo casarme con ella".* Así lo hicimos mientras estudiábamos en el seminario. Nos casamos en este tiempo, porque así entendí que había un acuerdo entre nosotros en cuanto del llamado de Dios. Dios prepara de antemano las cosas (*cf.* Ef 2:10).

Al finalizar el seminario, comencé a trabajar en la empresa de mi suegro. En otoño de 1976 nos mudamos a España para estudiar el idioma. Durante nuestro tiempo en el seminario intentamos aprender español, pero las clases estaban orientadas a personas mayores con interés turístico, lo cual no nos ayudó mucho. Por eso, contactamos con una comunidad en Fuengirola y nos dirigimos allí para aprender el idioma y ayudar en la obra del Señor.

En Fuengirola, tuve la oportunidad de colaborar con un misionero sueco que estaba plantando iglesias en la provincia de Málaga. Involucrarnos en una comunidad evangélica y cristiana donde se hablaba únicamente español fue crucial para nuestra formación. Desde el primer momento estuvimos inmersos en el trabajo ministerial.

Nuestra formación en español fue tanto en una escuela de idiomas como en la iglesia. Aprendí más leyendo la Biblia en español y participando activamente en la iglesia, donde asistíamos casi todos los días. Allí pasé dos años y medio hasta que Dios nos envió a Castellón de la Plana.

Dios nos llama y nos guía paso a paso, abriendo y cerrando puertas según su propósito. Es nuestra tarea obedecer, confiar y trabajar en unidad para cumplir con su obra.

El sostenimiento económico

Les he contado que no vine a España enviado por ninguna misión, ya que el propósito inicial era únicamente aprender el idioma. La idea era regresar a Suecia para continuar mi preparación. Sin embargo, el misionero con quien trabajaba se enfermó y me pidió que me quedara. Así fue como sucedió. Le dije que no contaba con ningún tipo de sostenimiento económico, pero él me desafió a quedarme confiando en Dios por la fe.

Acepté el desafío, pero al mismo tiempo hice un acuerdo con Dios: le dije que, si Él me mantenía en España, permanecería allí; de lo contrario, tendría que regresar a Suecia para trabajar y sostenerme.

Durante el primer mes, llegamos al punto de no tener nada de dinero. En esa época, se podían vender botellas de vidrio por 25 pesetas, y había muchas tiradas por las calles. Consideré recogerlas y venderlas para sobrevivir. Sin embargo, esa misma mañana, al despertar, el cartero llamó a nuestra puerta con una carta certificada a mi nombre. Al abrirla, encontré un cheque que nos permitió vivir durante todo un mes. Este tipo de provisión divina se repitió mes tras mes durante cinco años y medio.

Creo que he sido una persona con poca confianza en mí mismo, y Dios, en su sabiduría, vio que necesitaba pasar por esta experiencia para afirmarme en mi llamado. Al ver cómo Él me sostenía una y otra vez, confirmé que el llamado que había recibido era verdaderamente de Dios y que Él deseaba que permaneciera en España.

El llamado a las misiones

Durante este tiempo, estudiaba la Biblia intensamente. Después de cinco años en España, ya me veía como un misionero, con la responsabilidad de la obra en Castellón. Sin embargo, sentí la necesidad de una confirmación más formal. Al leer en Hechos 13 cómo Bernabé y Pablo fueron enviados a las misiones por la iglesia, me arrodillé ante Dios y oré:

«Señor, si el modelo bíblico es ser enviado por una iglesia, te pido que te encargues de esto».

Dos meses después de esta oración, un pastor de una iglesia importante en Suecia llegó a mi puerta y me preguntó:

—¿Quieres ser nuestro misionero?

Quedé completamente quebrantado ante Dios en adoración. Humanamente, algo así parecía imposible, pero Dios lo hizo realidad. Respondí al pastor:

—Claro que sí, he orado al Señor por esto.

La intervención divina

Aproximadamente 25 años después, mientras pasaba un tiempo en Suecia trabajando en una iglesia local durante 4 años en un tiempo de recuperación del campo misionero, me reencontré con este pastor. Estaba intrigado y le pregunté: *«¿Cómo fue que viniste a España para hablar conmigo sobre ser vuestro misionero?»*.

Él me explicó que Sven-Eric Torell, vicepresidente de la iglesia y considerado por muchos como un profeta, había sido el impulsor de todo. Torell me visitaba en España año tras año, oraba por nosotros y se preocupaba constantemente por la obra en Castellón. Dios había puesto este sentir en su corazón, y toda la iglesia respaldó la iniciativa.

En abril de 1982, mi esposa y yo fuimos apartados como misioneros de la Iglesia Pentecostal de Värnamo. Desde entonces, siempre hemos contado con el respaldo de una misión. Dios contestó mi oración, y afirmó mi ministerio.

Reflexión

Todos estos acontecimientos fueron extraordinarios para mí porque vi claramente la mano de Dios en cada etapa.

Comprendí que había sido Él quien me llamó al ministerio y quien aseguró que nunca estuviera solo. Ni yo ni ninguna misión tuvimos control sobre lo sucedido; fue un acto sobrenatural de Dios. Esto fortaleció mi fe y me dio una certeza inquebrantable en su fidelidad y provisión.

Mi reflexión es que cada misionero tendrá su propio camino al campo misionero.

Lección 3:
Preparación para el misionero

Mientras estoy esperando

El desafío de Dios para los misioneros cristianos requiere una responsabilidad imprescindible a la hora de capacitarse. Cuando tengo el llamado y "soy", debo entrar en la preparación que Dios me pone en el camino. No puedo ser negligente en esto, sino que debo preguntarme: ¿Qué puedo hacer para prepararme como misionero? Lo primero da lo segundo. Pero, sin lo primero, no se puede llegar a lo segundo. Por eso, al saber mi misión en la vida, debía entrar en esta preparación con todo mi corazón. Los primeros doce discípulos del Señor lo hicieron y convivieron con el Señor.

¿Qué podemos hacer nosotros?

1. Tomar cursos bíblicos

Por ejemplo, en un seminario bíblico con programa de internado de la Facultad de teología de ADE en Carlota[1]. También se puede hacer por extensión, asignatura por asignatura, y si hay un profesor cercano, puedes hacerlo por "extensión", y si no existe Internet para hacerlo *online*, contactando con la dirección que te he dado, allí pueden aclarar todas tus preguntas.

2. Tomar cursos de misiones

ADE en España tiene una escuela de misiones[2], que dura dos años, pero se hace a distancia, y se reúnen cuatro veces al año en un lugar de España. Es una buena preparación para el campo misionero.

---

[1] - https://cstad.edu.es/
[2] https://asambleasdedios.info/demade/formacion/

3. Ser parte de un comité de misiones en tu iglesia local

Si no existe dicho comité en tu iglesia, igual puedes formarlo junto con tu pastor. Esto para aprender a trabajar en la movilización de tu iglesia hacia las misiones te recomendamos hacer la materia "Cambiar el mundo".

4. Participar en la plantación de una iglesia en tu lugar

En España tenemos muchos lugares para evangelizar donde no hay iglesias.

5. Hacer viajes de exploración al país donde vas a ir como misionero

DEMADE es un departamento de misiones en ADE, y cada año hacen viajes a los campos de misión.

6. Buscar misioneros que ya estén trabajando en el país

Encuentra misioneros donde vas a ir para construir una relación con ellos y recibir su orientación.

7. Aprender otros idiomas mientras está en espera

Si Dios te ha revelado a dónde tienes que ir, debes prepararte con el idioma. Esfuérzate para aprenderlo.

8. Si tu llamado es a nuevos campos, puedes hacer una investigación sobre los países menos alcanzados por el evangelio

Hacer una investigación sobre los grupos étnicos que se encuentra en el país. Hacer investigaciones sobre el país donde voy a ir como misionero.

Algunos temas que es necesario responder son:

- ¿Cómo obtener una visa?

- ¿Qué vacunas se requiere para entrar en el país?

- ¿Cómo puedo hacer viajes de exploración al país?

- ¿Qué oportunidades hay para entrar al país como trabajador o profesional, comerciante, etc.?

9. Si ADE no tiene obra en este país, buscar una agencia misionera que tenga misioneros allí

Pero primero debes hablar con DEMADE (Departamento de Misiones de ADE), porque igual tienen pensamientos de abrir obra allí. Después ellos te pueden dirigir a otra organización hermana que te pueden ayudar.

Lección 4:
El ministerio es una lucha espiritual

La importancia del Cuerpo de Cristo

Jesucristo tuvo doce apóstoles en quienes confió el testimonio de su vida. De entre ellos, mantuvo una relación especial con tres: Pedro, Jacobo y Juan. Esto nos enseña que es posible tener vínculos de mayor o menor intimidad con distintas personas.

Si somos parte del Cuerpo de Cristo, estamos conectados unos con otros en su totalidad. Sin embargo, tal como en el cuerpo humano, hay conexiones más cercanas entre ciertos miembros. Por ejemplo, la mano está más unida al brazo, y el pie a la pierna. De igual manera, puedes sentir una conexión especial con Juan o María, pero quizá no tanto con Paco o Dolores. A pesar de estas diferencias, todos formamos parte del mismo cuerpo y somos hermanos en Cristo. Debemos entender que las relaciones entre los miembros pueden variar, pero esto no disminuye nuestra unidad en el cuerpo.

La cabeza del cuerpo, que es Jesucristo, está conectada a todos los miembros mediante una línea directa, como cl sistema nervioso en el cuerpo humano. Él tiene una comunicación constante y abierta con cada uno de nosotros.

En **1 Corintios 12:24-26** leemos:

> "Así Dios ha dispuesto los miembros de nuestro cuerpo, dando mayor honra a los que menos tenían, a fin de que no haya división en el cuerpo, sino que sus miembros se preocupen por igual unos por otros. Si uno de los miembros sufre, los demás comparten su sufrimiento; y si uno de ellos recibe honor, los demás se alegran con él".

El Cuerpo de Cristo también tiene un mecanismo de defensa, similar al sistema inmunológico en nuestro organismo. Cuando un mal intenta infiltrarse, el cuerpo sabe cómo defenderse y vencer el mal, luchando para proteger su unidad y santidad.

La relación de Jesús con el pueblo de Israel

Jesús tuvo una relación especial con sus discípulos, particularmente con Pedro, Juan y Jacobo. Sin embargo, su conexión con el pueblo de Israel era distinta. En **Juan 2:24-25** se nos dice:

> "En cambio, Jesús no confiaba en ellos porque los conocía a todos; no necesitaba que nadie le informara acerca de los demás, pues él conocía el interior del ser humano".

Esto nos muestra que, en su ministerio, Jesús tenía límites. Un ejemplo es lo que ocurrió en Nazaret, su pueblo natal. Allí no pudo hacer muchos milagros debido a la falta de fe de sus habitantes. Jesús expresó esto diciendo:

> "Seguramente ustedes me van a citar el proverbio: '¡Médico, cúrate a ti mismo! Haz aquí en tu tierra lo que hemos oído que hiciste en Capernaúm'. Pues bien, les aseguro que a ningún profeta lo aceptan en su propia tierra..." (**Lc 4:23-24**).

Jesús continuó recordando cómo, en los tiempos de Elías, hubo muchas viudas en Israel, pero el profeta fue enviado a una viuda extranjera en Sarepta. También mencionó que, en la época del profeta Eliseo, muchos en Israel sufrían enfermedades, pero sólo Naamán, un sirio, fue sanado. Estas palabras provocaron indignación en los habitantes de Nazaret, quienes intentaron matarlo arrojándolo por un precipicio, aunque Jesús salió ileso y se alejó de allí.

La incredulidad de la gente de Nazaret impidió que Jesús realizara muchos milagros entre ellos. Ellos lo veían sólo como *"el hijo de José y María",* sin reconocer su verdadera identidad. Jesucristo dejó claro que la fe es esencial para liberar los ministerios y dones de Dios. Sin fe, las puertas al poder del Señor permanecen cerradas, tal como ocurrió en Nazaret.

Jesús comparó esta situación con los tiempos de Elías y Eliseo, lo que ofendió profundamente a los nazarenos. Sin embargo, nada ni nadie puede tocar a un siervo de Dios antes de que llegue el tiempo dispuesto por el Señor. Por eso, Jesús salió de Nazaret ileso y continuó su obra en otros lugares.

Cuidado con el "individualismo"

La Biblia habla del "Cuerpo de Cristo". El cuerpo humano es un organismo vivo, creado por Dios. De la misma manera, la Iglesia del Señor es un organismo vivo. Cuando algún órgano busca sobresalir por encima de los demás y crecer a costa del resto, esto es lo que, en términos humanos, llamamos "cáncer": una enfermedad mortal.

El orgullo engendra el individualismo, y en ocasiones vemos iglesias "independientes" cuyos líderes buscan controlar todo, incluso aquello que es competencia exclusiva de Dios. Este modelo no puede sostenerse a largo plazo.

Estar unificados con los hermanos trae descanso. He conocido diversas estructuras eclesiásticas, y al final debemos entender que, por encima de todo orden humano, está Jesucristo, a quien nos sometemos. Sin embargo, también es importante respetar el orden entre los hermanos aquí en la tierra para poder trabajar juntos.

Cada miembro tiene una función única, pero al mismo tiempo funciona en armonía con los demás miembros del cuerpo. Las manos, los pies, los ojos: si quiero tomar algo de una mesa y llevarlo a otro lugar, muchos miembros trabajan en conjunto para lograrlo. Así también funciona el Cuerpo de Cristo.

Cuidado con los falsos profetas

Existen enemigos del evangelio que buscan destruirnos, tal como al final crucificaron a nuestro Señor Jesucristo. En aquel tiempo, muchos de esos enemigos se encontraban entre los líderes "religiosos" de la nación.

El Señor nos advierte acerca de los falsos profetas y falsos maestros. Jesucristo dijo: *"Por sus frutos los conoceréis"* (Mt 7:16). Estas personas, con intenciones contrarias a las del Señor, a menudo se infiltran en las congregaciones, llevando consigo agendas que no provienen de Dios.

Debemos estar alertas y discernir los frutos de quienes enseñan y lideran para proteger la pureza y unidad de la Iglesia. Jesucristo dijo en Mateo 7:

> "Cuídense de los falsos profetas. Vienen a ustedes disfrazados de ovejas, pero por dentro son lobos feroces. Por sus frutos los conocerán. ¿Acaso se recogen uvas de los espinos o higos de los cardos? Del mismo modo, todo árbol bueno da fruto bueno, pero el árbol malo da fruto malo. Un árbol bueno no puede dar fruto malo y un árbol malo no puede dar fruto bueno. Todo árbol que no da buen fruto se corta y se arroja al fuego. Así que por sus frutos los conocerán" (Mt 7:15-20).

Repasemos el Nuevo Testamento

No solamente Jesucristo advertía contra los falsos profetas o los falsos maestros, sino también los apóstoles como Juan, Pedro o Pablo. Continuamente advertían contra los "falsos".

Pedro habla sobre los falsos maestros y su destrucción

> "En el pueblo hubo falsos profetas. También entre ustedes habrá falsos maestros que encubiertamente introducirán herejías destructivas, al extremo de negar al mismo Soberano Señor que los rescató. Esto les traerá una pronta destrucción" (2 Pe 2:1).

Habrá falsos maestros, afirma Pedro aquí.

> "Llevados por la avaricia, estos falsos maestros se aprovecharán de ustedes con palabras engañosas. Desde hace mucho tiempo su condenación está preparada y su destruc-

ción los acecha" (2 Pe 2:3).

Juan dice: No crean a cualquier espíritu

"Queridos hermanos, no crean a cualquier espíritu, sino sométanlo a prueba para ver si es de Dios, porque han salido por el mundo muchos falsos profetas" (1 Jn 4:1).

Juan nos dice: "sométanlo a prueba":

"Ustedes, queridos hijos, son de Dios y han vencido a esos falsos profetas, porque el que está en ustedes es más poderoso que el que está en el mundo" (1 Jn 4:4).

Pablo encarga una misión a Timoteo para defender la iglesia:

"Al partir para Macedonia, te encargué que permanecieras en Éfeso y ordenaras a algunos supuestos maestros que dejen de enseñar doctrinas falsas" (1 Ti 1:3).

Pablo sigue advirtiendo:

"Tales individuos son falsos apóstoles, obreros estafadores, que se disfrazan de apóstoles de Cristo" (2 Co 11:13).

Debemos saber discernir lo que es "falso" y corregirlo.

"El problema era que algunos falsos hermanos se habían infiltrado entre nosotros para coartar la libertad que tenemos en Cristo Jesús a fin de esclavizarnos" (Ga 2:4).

Jesucristo profetizó:

"Y surgirá un gran número de falsos profetas que engañarán a muchos" (Mt 24:11).

"Porque surgirán falsos Cristos y falsos profetas que harán grandes señales y milagros para engañar, de ser posible, aun a los elegidos" (Mt 24:24).

"Porque surgirán falsos Cristos y falsos profetas que harán señales y milagros para engañar, de ser posible, aun a los elegidos" (Mr 13:22)

"Conozco tus obras, tu duro trabajo y tu perseverancia. Sé que no puedes soportar a los malvados y que has puesto a prueba a los que dicen ser apóstoles, pero no lo son; has descubierto que son falsos" (Ap 2:2)

En Éfeso descubrieron los falsos, y fueron quitados. No podían soportar "los malvados".

Jesús advierte contra un falso elogio:

"¡Ay de ustedes cuando todos los elogien! Dense cuenta de que los antepasados de esta gente trataron así a los falsos profetas" (Lc 6:26).

Algunos falsos elogian a los demás para obtener una buena posición para ellos mismos.

¿Qué nos dicen todas estas advertencias y exhortaciones?

Te estoy advirtiendo porque la Palabra de Dios continuamente nos llama a estar atentos. Jesucristo profetizó que vendrán **"un gran número" de falsos profetas**, y que **"engañarán a muchos"**. Esto debería alertarnos y motivarnos a ser defensores de la verdad, enseñando correctamente la Palabra de Dios.

Esta enseñanza es de suma importancia en el Nuevo Testamento. Debemos comprender que el engaño puede manifestarse en dos áreas principales: la doctrina y el espíritu. Ambos tipos de engaño son distintos, pero igualmente peligrosos. Por eso debemos saber con quienes colaboramos.

1. La mala doctrina: la levadura de los fariseos y los saduceos

En **Mateo 16:5-12** leemos:

"Cruzaron el lago, pero a los discípulos se les había olvidado llevar pan. —Presten atención —advirtió Jesús—; cuídense de la levadura de los fariseos y de los saduceos. Ellos comentaban entre sí: «Lo dice porque no trajimos pan». Al darse cuenta de esto, Jesús dijo: —Hombres de poca fe, ¿por qué están hablando de que no tienen pan? ¿Todavía no entienden? ¿No recuerdan los cinco panes para los cinco mil y el número de canastas que recogieron? ¿Ni los siete panes para los cuatro mil y el número de cestas que recogieron? ¿Cómo es que no entienden que no hablaba yo del pan, sino de tener cuidado de la levadura de fariseos y saduceos? Entonces comprendieron que no les decía que se cuidaran de la levadura del pan, sino de la enseñanza de los fariseos y de los saduceos".

Jesús nos advierte que la **falsa enseñanza** puede leudar la masa, es decir, corromper todo el cuerpo de creyentes. Por eso, es fundamental predicar con claridad la Palabra de Dios y mantener una sana doctrina.

La "levadura falsa" representa las enseñanzas de los fariseos y saduceos, quienes eran líderes religiosos de la época. A pesar de su apariencia de piedad, Jesús denunció su hipocresía y orgullo. Ellos se proclamaban guías espirituales, pero sus doctrinas estaban alejadas de la verdad de Dios.

2. Un falso espíritu

En **1 Juan 4:1** se nos advierte:

"Queridos hermanos, no crean a cualquier espíritu, sino sométanlo a prueba para ver si es de Dios, porque han salido por el mundo muchos falsos profetas".

Existen movimientos que operan bajo un *espíritu engañoso* que, aunque pueden parecer carismáticos o poderosos, no provienen del Espíritu Santo. Estas influencias suelen atraer multitudes y manipular a las personas con fines egoístas, como intereses económicos o personales. Aunque no siempre se centran en la doctrina, utilizan la manipulación para lograr sus objetivos.

Dios nos ha encomendado la responsabilidad de cuidar el "rebaño del Señor Jesucristo". Por ello, debemos estar bien preparados para *discernir y proteger la fe* de aquellos que están bajo nuestro cuidado.

Consejos para evitar el engaño

Mi consejo para ti es que mantengas cierta distancia de **nuevos movimientos** o enseñanzas que no conoces bien. Es probable que encuentres personas "carismáticas" que atraen a las masas y parecen deslumbrar, pero muchas veces son como fuegos artificiales: brillan por un tiempo y luego desaparecen.

En cambio, enfócate en calentar tu vida espiritual bajo el **"sol de justicia"**, en vivir constantemente en la luz de Jesucristo. Sé cauteloso al abrir las puertas a **"nuevas enseñanzas"**, especialmente si no estás seguro de su origen o veracidad. Antes de compartirlas con otros, asegúrate de que están enraizadas en la verdad bíblica, pues experimentar con doctrinas erróneas puede causar un gran daño.

He visto los estragos que pueden causar doctrinas como la llamada **"teología de la prosperidad"**, que se enfoca en riquezas terrenales y desvía el mensaje de la cruz. Jesucristo nos llamó a **llevar nuestra cruz** y estar dispuestos a pagar el precio por seguirlo.

El apóstol Pablo nos exhorta en **Colosenses 3:1-4**:

> "Ya que han resucitado con Cristo, busquen las cosas de arriba, donde está Cristo sentado a la derecha de Dios. Concentren su atención en las cosas de arriba, no en las de la tierra, pues ustedes han muerto y su vida está escondida con Cristo en Dios. Cuando Cristo, que es la vida de ustedes, se manifieste, entonces también ustedes serán manifestados con él en gloria".

Mantén tu enfoque en las cosas de arriba, no en las de este mundo. Vive en la verdad, con discernimiento y plena confianza en el Señor.

El engaño puede ser grande y el Señor y los apóstoles nos advierte contra ello

Ten un poco de paciencia y lee estos textos del Nuevo testamento y reflexiona tú mismo sobre lo que dicen las Escrituras sobre el engaño.

- **Mateo 13:22:** *"El que recibió la semilla que cayó entre espinos es el que oye la palabra, pero las preocupaciones de esta vida y el engaño de las riquezas la ahogan. Por eso, la semilla no llega a dar fruto".*

- **Marcos 7:20-23:** *"Con esto Jesús declaraba limpios todos los alimentos. Luego añadió: —Lo que sale de la persona es lo que la contamina. Porque de adentro, del corazón humano, salen los malos pensamientos, la inmoralidad sexual, los robos, los homicidios, los adulterios, la avaricia, la maldad, el engaño, el libertinaje, la envidia, la calumnia, la arrogancia y la necedad. Todos estos males vienen de adentro y contaminan a la persona".* ¡Habla de la fuente del engaño!

- **Hechos 13:10:** Pablo se expresa de esta forma contra el falso profeta Barjesús: *«¡Hijo del diablo y enemigo de toda justicia, lleno de todo tipo de engaño y de fraude! ¿Nunca dejarás de torcer los caminos rectos del Señor?".*

- **2 Corintios 4:2:** *"Más bien, hemos renunciado a todo lo vergonzoso que se hace a escondidas; no actuamos con engaño ni torcemos la palabra de Dios. Al contrario, mediante la clara exposición de la verdad, nos recomendamos a toda conciencia humana en la presencia de Dios."*

- **2 Corintios 11:3:** *"Pero me temo que, así como la serpiente con su astucia engañó a Eva, los pensamientos de ustedes sean desviados de un compromiso puro y sincero con Cristo".*

- **Efesios 4:14:** *"Así ya no seremos niños, zarandeados por las olas y llevados de aquí para allá por todo viento de enseñanza y por la astucia y las artimañas de quienes emplean métodos engañosos".*

- **Efesios 4:22:** *"Con respecto a la vida que antes llevaban, se les enseñó que debían quitarse el ropaje de la vieja naturaleza, la cual está corrompida por los deseos engañosos".*

- **Colosenses 2:8:** *"Cuídense de que nadie los cautive con la vana y engañosa filosofía que sigue tradiciones humanas, la que está de acuerdo con los principios de este mundo y no conforme a Cristo".*

- **2 Tesalonicenses 2:11:** *"Por eso Dios les envía un poder engañoso, para que crean en la mentira".* Cuando uno no recibe la Palabra del Dios se abre a este espíritu de engaño, para creer en la mentira.

- **1 Timoteo 4:1:** *"El Espíritu dice claramente que, en los últimos tiempos, algunos abandonarán la fe para seguir a inspiraciones engañosas y doctrinas diabólicas".*

- **2 Pedro 2:3:** *"Llevados por la avaricia, estos falsos maestros se aprovecharán de ustedes con palabras engañosas. Desde hace mucho tiempo su condenación está preparada y su destrucción los acecha".*

- **1 Juan 4:6:** *"Nosotros somos de Dios y todo el que conoce a Dios nos escucha; pero el que no es de Dios no nos escucha. Así distinguimos entre el Espíritu de la verdad y el espíritu del engaño".*

- **Apocalipsis 13:14:** Cuando el anticristo y el falso profeta se levanten, engañarán: *"Con estas señales que se le permitió hacer en presencia de la primera bestia, engañó a los habitantes de la tierra. Ordenó que hicieran una imagen en honor de la bestia que, después de ser herida a espada, revivió".*

Como misioneros, somos "soldados"
En **2 Timoteo 2:3-4** leemos:

"Comparte nuestros sufrimientos, como buen soldado de Cristo Jesús. Ningún soldado que quiera agradar a su superior se enreda en cuestiones civiles".

Como "soldados de Cristo", somos llamados a vivir con disciplina, enfoque y dedicación, discerniendo entre la verdad y la mentira. Nuestra misión incluye advertir a la gente de los peligros espirituales, tal como se explica en **Ezequiel 3:17-19**:

> "Hijo de hombre, a ti te he puesto como centinela del pueblo de Israel. Por tanto, cuando oigas mi palabra, adviértele de mi parte. Cuando yo diga al malvado: '¡Vas a morir!', y tú al malvado no le hayas advertido sobre su mala conducta —para que siga viviendo—, ese malvado morirá por causa de su pecado, pero yo te pediré cuentas de su muerte. En cambio, si tú se lo adviertes y él no se arrepiente de su maldad ni de su mala conducta, morirá por causa de su pecado, pero tú habrás salvado tu vida".

Puedes continuar leyendo hasta el versículo 27 de este capítulo, que es muy instructivo.

Una lucha espiritual

La vida cristiana es una batalla constante contra las fuerzas del mal. Como misioneros, somos parte de un **ejército espiritual** en marcha, trabajando para rescatar a las personas y llevarlas al Reino de Dios. La Biblia nos enseña que el diablo es una realidad contra la que luchamos, utilizando la armadura espiritual que Dios nos ha dado (*cf.* **Ef 6:10-18**).

La eternidad

Nadie enseñó sobre la eternidad con tanta claridad como Jesucristo. Su misión principal fue luchar para llevarnos a la vida eterna con Él. Al mismo tiempo, Jesús también habló abiertamente sobre el **castigo eterno** o la **condenación eterna** para quienes rechazan el mensaje de salvación.

Mira lo que dice Jesucristo acerca de la eternidad:

- **Mateo 19:29:** *"Y todo el que por mi causa haya dejado casas, hermanos, hermanas, padre, madre, hijos o terrenos recibirá cien veces más y **heredará la vida*** *eterna"*.

- **Mateo 25:46:** *"Aquellos irán al castigo eterno y los justos a la vida eterna"*.
- **Lucas 16:9:** *"Por eso les digo que se valgan de las riquezas deshonestas para ganar amigos, a fin de que cuando estas se acaben haya quienes los reciban a ustedes en las viviendas eternas"*. ¡Hay que saber administrar nuestros recursos económicos correctamente, porque tendrá efectos eternos! Dios vio por ejemplo cómo Cornelio daba ofrendas y oraba, e intervino en su vida (*cf.* Hechos 10:4: *"Dios ha recibido tus oraciones y tus obras de beneficencia como una ofrenda, contestó el ángel"*).
- **Juan 3:16:** *"Porque tanto amó Dios al mundo que dio a su Hijo único, para que todo el que cree en él no se pierda, sino que tenga vida eterna"*.
- **Juan 3:36**: *"El que cree en el Hijo tiene vida eterna; pero el que desobedece al Hijo no sabrá lo que es esa vida, sino que permanecerá bajo el castigo de Dios"*. Aquí vemos otra vez el final doble y eterno.
- **Juan 5:24:** *"Les aseguro que el que oye mi palabra y cree al que me envió tiene vida eterna y no será juzgado, sino que ha pasado de la muerte a la vida"*.
- **Juan 6:27:** *"Trabajen, pero no por la comida que es perecedera, sino por la que permanece para vida eterna, la cual les dará el Hijo del hombre. Dios el Padre ha puesto sobre él su sello de aprobación"*. La Palabra de Dios se ve como comida, como el maná en el desierto para los judíos, y las palabras de Moisés.
- **Juan 6:40**: *"Porque la voluntad de mi Padre es que todo el que ve al Hijo y crea en él tenga vida eterna, y yo lo resucitaré en el día final"*.
- **Juan 6:54**: *"El que come mi carne y bebe mi sangre tiene vida eterna, y yo lo resucitaré en el día final"*.
- **Juan 10:28:** *"Yo les doy vida eterna y nunca pere-*

cerán, ni nadie podrá arrebatármelas de la mano".
- **Juan 17:3**: *"Y esta es la vida eterna: que te conozcan a ti, el único Dios verdadero, y a Jesucristo, a quien tú has enviado".*

¿Puedes sentir el corazón de Jesucristo cuando habla de la eternidad? Su preocupación y la profunda motivación que lo llevaron a venir y dar su vida por nosotros en la cruz. Jesucristo tenía plena conciencia de los resultados eternos de su ministerio. No se trataba de algo meramente terrenal, sino de una obra que daría frutos para la eternidad.

Tú y yo debemos adoptar esta misma perspectiva en nuestro ministerio, entendiendo que también tiene **repercusiones eternas**. Lo que hacemos no es solo para el presente, sino para algo mucho más grande y trascendental.

Por eso, **mi consejo** es que vivas y sirvas con esta visión clara de tu ministerio. Reconoce cuán importante es tu labor, sabiendo que no es algo temporal, sino algo que impactará para siempre. **Es eterno.**

Lección 5:
La oración en la lucha espiritual

La importancia de presentarnos ante Dios
Nuestro ministerio tiene dos facetas fundamentales:

- **Como sacerdotes:** Nos presentamos ante Dios en adoración, intercesión y comunión. Oramos por nuestras iglesias y amigos.

- **Como profetas:** Nos presentamos ante el pueblo en nombre de Dios, llevando Su Palabra.

Como sacerdotes, hablamos con Dios acerca de las personas; como profetas, hablamos a las personas en nombre de Dios. Este equilibrio es esencial para un ministerio efectivo.

En **Hechos 13:1-3** vemos un ejemplo claro de ministros que dedicaban tiempo a ministrar al Señor: *"Estaban adorando al Señor y ayunando"*.

La oración es el pilar fundamental de cualquier ministerio. Sin ella, no es posible vencer en las luchas espirituales. Por eso, mi consejo es que hagas de la oración una prioridad en tu servicio a Dios. En lo posible, añadiendo a ella el ayuno.

Jesús como nuestro mejor ejemplo
El Hijo de Dios nos dejó el modelo perfecto de vida en oración. Su ministerio estuvo marcado por una relación constante con el Padre. Comenzó su ministerio con 40 días de ayuno y oración. No olvides la importancia del ayuno.

1. En Getsemaní:

- **Mateo 26:36:** *"Luego fue Jesús con sus discípulos a un lugar llamado Getsemaní y dijo: 'Siéntense aquí mientras voy más allá a orar'"*.

- **Juan 18:1:** *"Cuando Jesús terminó de orar, salió con sus discípulos y cruzó el arroyo de Cedrón. Al otro lado había un huerto en el que entró con sus discípulos"*.

- En **Hebreos 5:7** se describe la intensidad de Su vida de oración: *"En los días de su vida mortal, Jesús ofreció oraciones y súplicas con fuerte clamor y lágrimas al que podía salvarlo de la muerte, y fue escuchado por su temor reverente"*.

2. En lugares solitarios:

- **Marcos 1:35:** *"Muy de madrugada, cuando todavía estaba oscuro, Jesús se levantó, salió de la casa y se fue a un lugar solitario donde se puso a orar"*.

- **Lucas 6:12:** *"Por aquel tiempo se fue Jesús a la montaña a orar y pasó toda la noche en oración a Dios"*.

- **Lucas 9:28:** *"Unos ocho días después de decir esto, Jesús, acompañado de Pedro, Juan y Santiago, subió a una montaña a orar"*.

Jesús buscaba tiempos de soledad para conectarse con el Padre, y nosotros debemos hacer lo mismo. Así como un móvil necesita recargarse, nuestra alma requiere de oración constante para mantenerse fuerte y activa.

Tipos de oración

La oración puede tomar diferentes formas:

- **Adoración:** El reconocimiento de quién es Dios.
- **Alabanza:** Gratitud por lo que ha hecho.
- **Petición:** Presentación de nuestras necesidades.
- **Intercesión:** Orar por otros.
- **Acción de gracias:** Gratitud constante.

Estas formas son como los cinco dedos de una mano: cada uno tiene su función, pero todos trabajan juntos. El "dedo gordo", la adoración, toca los demás y debe estar presente en todas nuestras oraciones.

"Señor, enséñanos a orar"

En **Lucas 11:1**, los discípulos le dijeron a Jesús: *"Señor,* *enséñanos a orar, así como Juan enseñó a sus discípulos".*

Jesús respondió con enseñanzas prácticas y parábolas, destacando la importancia de la **persistencia en la oración**.

La parábola de la viuda persistente:
Lucas 18:1-8 dice: *"Jesús contó una parábola para mostrarles que debían orar siempre, sin desanimarse".*

La viuda persistió ante el juez injusto hasta obtener justicia. Jesús enfatizó que, si un juez injusto responde a la insistencia, ¡cuánto más Dios escuchará a Sus escogidos!

Fe y perseverancia
Al final de la parábola, Jesús preguntó: *"Cuando venga el Hijo del hombre, ¿encontrará fe en la tierra?".*

Este cuestionamiento nos invita a reflexionar sobre nuestra perseverancia en la oración. En un mundo que busca resultados rápidos, debemos recordar que la fe requiere persistencia y resistencia ante los obstáculos.

Conclusión
La oración no es solo una actividad, sino una forma de vida. Sigamos el ejemplo de Jesús, insistiendo en nuestras oraciones con fe y dedicación. ¡No te desanimes! Dios escucha y responde a su tiempo.

La oración privada según Jesucristo
En **Mateo 6:5-15**, Jesús nos enseña sobre la importancia de la oración sincera y privada:

"Cuando oren, no sean como los hipócritas, porque a ellos les encanta orar de pie en las sinagogas y en las esquinas de las plazas para que la gente los vea. Les aseguro que ya han obtenido toda su recompensa. Pero tú, cuando te pongas a orar, entra en tu cuarto, cierra la puerta y ora a tu Padre, que está en lo secreto. Así tu Padre, que ve lo que se hace en secreto, te recompensará".

Jesús también advierte contra el uso de muchas palabras sin sentido:

> "Al orar, no hablen solo por hablar como hacen los gentiles, porque ellos se imaginan que serán escuchados por sus muchas palabras. No sean como ellos, porque su Padre sabe lo que ustedes necesitan antes de que se lo pidan".

Además, nos dejó un modelo de oración conocido como el **Padre Nuestro**, donde cada frase tiene un significado profundo:

- **Reconocimiento de la santidad de Dios:** *"Santificado sea tu nombre"*.
- **Sumisión a Su voluntad:** *"Hágase tu voluntad en la tierra como en el cielo"*.
- **Dependencia diaria:** *"Danos hoy nuestro pan cotidiano"*.
- **Perdón y reconciliación**: *"Perdónanos nuestras ofensas, como también nosotros hemos perdonado a nuestros ofensores"*.
- **Protección espiritual:** *"No nos dejes caer en tentación, sino líbranos del maligno"*.

El perdón como clave en la oración

Jesús enfatiza la importancia del perdón en los versículos finales:

> "Porque si perdonan a otros sus ofensas, también los perdonará a ustedes su Padre celestial. Pero si no perdonan a otros sus ofensas, tampoco su Padre perdonará a ustedes las suyas".

El perdón es esencial en nuestra relación con Dios y en nuestro ministerio. Si no perdonamos a nuestros semejantes, nuestra comunión con el Padre se ve afectada. Él nos perdonó primero, y ese mismo perdón debe reflejarse en nuestras relaciones con los demás.

Jesús es claro: el rencor nos hace inútiles para el Reino de Dios. Sin perdón, no podemos avanzar en nuestra vida espiritual ni ser efectivos en el ministerio.

La oración privada y pública

Es importante equilibrar la oración privada y pública:

- **Oración privada:** Este es nuestro tiempo personal con Dios, un momento de intimidad donde nos presentamos como sacerdotes. Por ejemplo, personalmente dedico cada mañana a caminar y orar, presentando a mi familia y a mis hermanos en las iglesias. Este hábito diario ha sido la base de mi ministerio durante muchos años.
- **Oración pública:** En las iglesias que establecemos, realizamos cultos de oración semanales y organizamos días de ayuno y oración.

En las **Asambleas de Dios en España**, existe un "Departamento de Oración" (DORADE), que coordina actividades de oración a nivel nacional y distrital. Esto incluye reuniones anuales nacionales y mensuales por distritos.

La oración como el oxígeno del Cuerpo de Cristo

La oración es esencial para el avance del Reino de Dios. Así como el oxígeno da vida al cuerpo humano, la oración es lo que mantiene vivo al Cuerpo de Cristo. En **Hechos 13:1-3**, vemos cómo los ministros dedicaban tiempo a ministrar al Señor en oración y ayuno, lo que permitió que el Espíritu Santo guiara sus pasos.

"En la iglesia de Antioquía eran profetas y maestros: Bernabé, Simeón, apodado el Negro, Lucio de Cirene, Manaén, que se había criado con Herodes el tetrarca, y Saulo.

Mientras participaban en el culto al Señor y ayunaban, el Espíritu Santo dijo: «Apártenme ahora a Bernabé y a Saulo para el trabajo al que los he llamado». Así que después de ayunar, orar e imponerles las manos, los despidieron".

Mi consejo

Si eres un nuevo misionero, te animo a desarrollar una vida constante de oración. Vive en comunión con Dios. Como dijo Pablo:

"Orad sin cesar" (1 Te 5:17).

Esto no significa estar de rodillas todo el día, sino mantener una conexión continua con el Señor en todo lo que haces. Aprende a escuchar Su voz, a depender de Él y a presentar todas tus necesidades, luchas y alabanzas en oración. Este es el camino para un ministerio fructífero y una vida llena de Su poder y gracia.

La importancia del ayuno y oración

El ayuno como complemento de la oración en la lucha espiritual

El ayuno es una práctica poderosa que complementa la oración en nuestra lucha espiritual. Jesucristo mismo inició su ministerio con cuarenta días de ayuno en el desierto (*cf.* Mt 4:1-2). En la tradición del pueblo de Israel, había días específicos establecidos para el ayuno dentro del "año festivo", y era común dedicar anualmente ciertos momentos a la práctica del ayuno.

El ayuno como parte de la preparación misionera

El ayuno ha sido una práctica fundamental en la vida de los creyentes a lo largo de la historia bíblica y de la Iglesia. Para el misionero, el ayuno no solo es un ejercicio de disciplina espiritual, sino también una preparación física y emocional para el llamado de Dios.

El ayuno en la vida misionera puede ser visto desde dos perspectivas: la espiritual y la física. Desde el punto de vista médico, puede ayudar a mantener la salud en contextos de escasez de alimentos o como disciplina para mejorar la resistencia física y mental. Desde el punto de vista espiritual, es una herramienta clave en la lucha espiritual y la búsqueda de la dirección de Dios.

El ayuno como disciplina espiritual

El misionero está llamado a vivir en dependencia de Dios, y el ayuno es un medio para fortalecer esta dependencia. En la Biblia, encontramos que Jesús ayunó antes de comenzar su ministerio (*cf.* Mt 4:2), mostrando que el ayuno es una preparación para enfrentar desafíos espirituales. También vemos ejemplos de líderes espirituales que ayunaron antes de recibir dirección de Dios, como Moisés (*cf.* Éx 34:28) y Pablo y Bernabé cuando fueron enviados a la misión (*cf.* Hch 13:2-3).

El ayuno permite al misionero centrarse en la voluntad de Dios, apartándose de distracciones y sensibilizándose a la voz del Espíritu Santo. Al renunciar a la comida por un tiempo determinado, se fortalece la disciplina espiritual y se desarrolla un mayor enfoque en la oración y la Palabra de Dios. Esta inversión de tiempo con Dios, puede ser muy fructífero, para ahorrar mucho tiempo después.

El ayuno y la preparación física y mental

Además del beneficio espiritual, el ayuno puede ayudar al misionero a desarrollar resiliencia física y mental. En muchas misiones, especialmente en lugares de escasos recursos, la comida puede ser limitada o diferente a la acostumbrada. Un misionero acostumbrado al ayuno tendrá mayor capacidad de adaptación en situaciones donde la alimentación sea un desafío.

El ayuno también fortalece el autocontrol y la resistencia al estrés. En el campo misionero, pueden surgir dificultades emocionales y físicas, y el ayuno enseña a soportar incomodidades y a confiar en Dios en medio de la necesidad.

El ayuno para la intercesión y dirección de Dios

Antes de emprender una misión, es fundamental buscar la dirección de Dios. El ayuno, combinado con la oración, es una herramienta poderosa para recibir claridad y fortaleza espiritual. Muchos misioneros han testificado que a través del ayuno han recibido confirmación de su llamado, dirección específica sobre su ministerio y fortaleza en momentos de incertidumbre.

Jesús enseñó que algunos desafíos espirituales solo pueden ser enfrentados con oración y ayuno. dice:

"Y les dijo: Este género con nada puede salir, sino con oración y ayuno" (Mr 9:29, RV1960).

Para el misionero, el ayuno puede ser clave en la intercesión por las almas, la protección espiritual y el avance del Reino de Dios en lugares donde la oposición es fuerte.

Aplicación práctica del ayuno en la preparación misionera

Para que el ayuno sea efectivo en la preparación misionera, es recomendable establecer un hábito antes de partir al campo. Algunos tipos de ayuno:

- **Ayuno periódico**: Apartar días específicos para ayunar y orar por el llamado y la misión.
- **Ayuno parcial o selectivo**: Reducir ciertos alimentos o comidas como forma de preparación gradual. En Daniel 9 encontramos que el profeta hizo un ayuno parcial durante tres semanas.
- **Ayuno en equipo**: Involucrar a compañeros de misión o a la iglesia envidadora para fortalecer la unidad espiritual. Los que trabajamos juntos necesitamos estos momentos.

- **Ayuno con propósito**: Tener objetivos claros, como buscar dirección, interceder por personas o prepararse para desafíos específicos.

Carne o Espíritu

La **carne** y el mundo que nos rodea están en constante enemistad con Dios y no quieren someterse a Su voluntad. Por eso, el ayuno puede ser malinterpretado o reducido a un mero ritual religioso vacío. Sin embargo, cuando se realiza según la enseñanza bíblica, el ayuno tiene un propósito profundo: ayudarnos a someternos a Dios, fortalecernos espiritualmente y combatir las influencias negativas.

En **Isaías 58:3-6**, el profeta llama la atención sobre el uso correcto del ayuno:

"Y hasta me reclaman: "¿Para qué ayunamos, si no lo tomas en cuenta? ¿Para qué nos afligimos, si tú no lo notas?". Pero el día en que ustedes ayunan, hacen lo que desean y explotan a sus obreros. Ustedes solo ayunan para pelear, reñir, y darse puñetazos a mansalva. Si quieren que el cielo atienda sus ruegos, ¡ayunen, pero no como ahora lo hacen! ¿Acaso el ayuno que he escogido es solo un día para que el hombre se mortifique? ¿Y solo para que incline la cabeza como un junco, se ponga ropa de luto y se cubra de ceniza? ¿A eso llaman ustedes día de ayuno y el día aceptable al Señor? El ayuno que he escogido, ¿no es más bien romper las cadenas de injusticia y desatar las correas del yugo, poner en libertad a los oprimidos y romper toda atadura?".

El pueblo judío decía a Dios: *"¿Para qué ayunamos, si no lo tomas en cuenta? ¿Para qué nos afligimos, si tú no lo notas?"*. Dios les contesta: *"Pero el día en que ustedes ayunan, hacen lo que desean y explotan a sus obreros"*. Ellos ayunaban para hacer lo que deseaban, y no lo que Dios deseaba; además, explotaban a sus trabajadores, a su prójimo.

Isaías nos recuerda que el ayuno no debe ser un acto egoísta y aprovechador, sino al contrario, un tiempo de acercarnos a Dios y vivir para ayudar a nuestro prójimo. Dios dice: *"El ayuno que he escogido"*. Hay un ayuno que Dios ha escogido, en el cual debemos entrar: *"El ayuno que he escogido, ¿no es más bien romper las cadenas de injusticia y desatar las correas del yugo, poner en libertad a los oprimidos y romper toda atadura?"*.

Jesús también nos enseñó sobre el ayuno en **Mateo 6:16-18**:

> "Cuando ayunen, no pongan cara triste como hacen los hipócritas, que cambian sus rostros para mostrar que están ayunando. Les aseguro que estos ya han obtenido toda su recompensa. Pero tú, cuando ayunes, perfúmate la cabeza y lávate la cara para que no sea evidente ante los demás que estás ayunando, sino solo ante tu Padre, que está en lo secreto; y tu Padre, que ve lo que se hace en secreto, te recompensará".

El verdadero ayuno es discreto y se realiza con una motivación sincera: buscar la dirección y fortaleza de Dios.

Mi experiencia con el ayuno

Desde mi juventud, el ayuno ha sido una disciplina espiritual fundamental en mi vida. Recuerdo un período particular de mi ministerio en el que, mientras ayudaba a levantar una iglesia, aparté diez semanas a lo largo de dos años para dedicarme al ayuno. En cinco ocasiones al año, ayuné durante siete días seguidos, y los resultados fueron notables. Vi un cambio radical en la obra: el crecimiento espiritual y numérico de la iglesia fue evidente.

Estas experiencias me recordaron que el ayuno y la oración rompen barreras espirituales que no podemos ver, pero que son reales.

El ayuno de Daniel y la lucha espiritual

Un ejemplo bíblico: Daniel y la lucha espiritual

La historia de **Daniel** en el capítulo 10 del libro que lleva su nombre ilustra esta realidad:

> "Desde el primer día en que te propusiste ganar entendimiento y humillarte ante tu Dios, tu petición fue escuchada" (Dn 10:12).

Daniel ayunó durante tres semanas, buscando entendimiento y humillándose ante Dios. Aunque su oración fue escuchada inmediatamente, hubo oposición en el ámbito espiritual:

> "El príncipe del reino de Persia se me opuso durante veintiún días" (Dn 10:13).

Esto demuestra que, aunque no siempre comprendamos lo que sucede en el mundo espiritual, nuestras oraciones y ayunos tienen un impacto significativo. Dios está al tanto de nuestras necesidades, y la resistencia espiritual no detiene Su obra, aunque pueda retrasar la manifestación de Su respuesta.

Daniel y el "ayuno parcial"

En el libro de Daniel, encontramos lo que muchos llaman un "ayuno parcial". Daniel describe lo siguiente:

> "En aquella ocasión yo, Daniel, pasé tres semanas como si estuviera de luto. En todo ese tiempo no comí nada especial, ni probé carne ni vino, ni usé ningún perfume" (Dn 10:2-3).

Este tipo de ayuno no implicaba abstenerse completamente de alimentos, sino privarse de ciertas comodidades mientras continuaba con sus responsabilidades ante el rey. Esto nos enseña que el ayuno puede adaptarse a nuestras circunstancias, manteniendo su propósito espiritual.

"En todo ese tiempo no comí nada especial, ni probé carne ni vino, ni usé ningún perfume".

El ayuno más común en la Biblia es el de abstenerse completamente de alimentos y solo beber agua. Sin embargo, también es válido, como en el caso de Daniel, limitarse en algunos aspectos para dedicarse a buscar a Dios mientras seguimos cumpliendo nuestras obligaciones.

La lucha espiritual detrás del ayuno

Lo más relevante de este pasaje es la explicación que el ángel le da a Daniel. Aunque Dios escuchó su oración desde el primer día, hubo oposición en el ámbito espiritual que lo hizo esperar hasta tres semanas:

"Tu petición fue escuchada desde el primer día... Pero durante veintiún días el príncipe del reino de Persia se me opuso, así que acudió en mi ayuda Miguel, uno de los principales príncipes" (Dn 10:12-13).

Este relato revela realidades espirituales que muestran que Dios le escuchó desde el primer día, pero hubo una resistencia que impedía que la respuesta llegara a Daniel por tres semanas. Por eso, la perseverancia de Daniel en ayuno y oración durante estas tres semanas permitió que la respuesta de Dios llegara.

Mi consejo para ti es que consideres incorporar el ayuno en tu vida y ministerio. Hazlo con una motivación sincera, buscando agradar a Dios en lo secreto. Así como Jesús, Daniel y muchos otros "varones de Dios" lo hicieron, el ayuno puede convertirse en una herramienta poderosa para avanzar en el propósito divino.

Lecciones para quienes están en el ministerio

Si estás buscando entrar en el ministerio, este pasaje tiene una enseñanza práctica para ti.

1. Aprende a orar y adorar a Dios regularmente. La oración y el ayuno deben ser parte fundamental de tu vida espiritual. Es tan fundamental para tu hombre interior como es "el respirar" para el cuerpo.

2. Haz del ayuno una práctica personal y comunitaria. No se trata solo de períodos ocasionales, sino de una disciplina constante que fortalezca tu relación con Dios; y también que enseñes a tu comunidad en este caminar.

3. Rompe con la pereza espiritual. Persevera en la oración y el ayuno, despojándote de la carnalidad que puede obstaculizar tu crecimiento.

El ministerio no depende únicamente de la preparación académica. Aunque una escuela bíblica es valiosa, la verdadera formación ocurre en tu vida diaria con Dios. Es algo que debes vivir y experimentar personalmente.

La mortificación de la carne y la renovación espiritual

El ayuno no es solo un medio para nuestra santificación personal, sino también una herramienta poderosa en la lucha espiritual. Nos ayuda a:

1. Someter nuestra carne: Nos disciplinamos y recordamos que nuestra dependencia está en Dios.

2. Fortalecer nuestra oración: El ayuno intensifica nuestro enfoque y entrega al Señor.

3. Romper cadenas espirituales: Muchas veces, hay batallas invisibles que requieren una entrega especial para que Dios actúe.

Como en el caso de Daniel, nuestras oraciones y ayunos pueden contribuir a mover el reino espiritual y abrir camino para la voluntad de Dios.

Ejemplo del Nuevo Testamento

El apóstol Pablo enfatiza la importancia de despojarnos de nuestra vieja naturaleza y vestirnos con la nueva, un proceso que describe como **santificación diaria.**

Romanos 6:11-14 enseña:

"De la misma manera, también ustedes considérense muertos al pecado, pero vivos para Dios en Cristo Jesús... No permitan que el pecado reine en su cuerpo mortal ni obedezcan sus malos deseos".

De manera similar, en **Colosenses 3:5-14**, Pablo describe este proceso en dos pasos:

1. Hacer morir la naturaleza terrenal: *"Por tanto, hagan morir todo lo que es propio de la naturaleza terrenal: inmoralidad sexual, impureza, bajas pasiones, malos deseos y avaricia, la cual es idolatría"*. Esto implica abandonar el enojo, la malicia, la calumnia y el lenguaje obsceno.
2. Vestirse de la nueva naturaleza: *"Revístanse de afecto entrañable, bondad, humildad, amabilidad y paciencia... Por encima de todo, vístanse de amor, que es el vínculo perfecto"*.

Pablo ilustra este cambio como un hombre que se quita su ropa vieja y se pone un ropaje nuevo, dado por Dios. Este acto de *"vestirse de Cristo"* refleja nuestra salvación en tres fases:
- **Salvación inicial:** El nuevo nacimiento.
- **Salvación continua:** La santificación diaria.
- **Salvación final:** Nuestra glorificación con la venida del Señor.

Santificación: una entrega diaria
La santificación es un proceso continuo que requiere una entrega diaria a Dios. Cada mañana debemos renovar nuestra decisión de seguir a Cristo y crucificar al "viejo hombre" para permitir que el Espíritu Santo obre en nosotros.
En **1 Tesalonicenses 5:23-24**, Pablo asegura que este proceso es una obra de Dios:

"Que Dios mismo, el Dios de paz, los santifique por completo; y que todo su ser, espíritu, alma y cuerpo, sea preservado irreprochable para la venida de nuestro Señor Jesucristo. El que los llama es fiel, y así lo hará".

Un amor que fluye naturalmente

Así como un padre ama naturalmente a sus hijos sin necesidad de esforzarse, nuestra relación con Dios también debe fluir de manera espontánea. Su presencia en nosotros hace que la santificación no sea una carga pesada, sino una vida constante en comunión con Él.

La salvación no es solo un evento pasado, sino una realidad que vive en nosotros. Como dice Pablo:

"Cristo vive en mí" (Ga 2:20).

La santificación es el resultado de permitir que esta vida de Cristo fluya en cada aspecto de nuestro ser, día a día, guiados por Su Espíritu.

Lección 6:
La palabra de Dios en la lucha espiritual

La preparación en la Palabra de Dios

No se puede escatimar una buena preparación en la Palabra de Dios. Si tienes la oportunidad de asistir a una escuela bíblica y aprovechar ese tiempo para aprender y prepararte, sería muy beneficioso. Por supuesto, no se trata solo de adquirir conocimientos teóricos, sino de llevar esas enseñanzas a la práctica. Por eso es importante elegir bien la escuela a la que vas a asistir. Ante todo, debe tener una doctrina sólida y sana, que se aplique en la vida práctica mediante el establecimiento de iglesias y la guía y pastoreo adecuado de las congregaciones.

La Biblia *es* la Palabra de Dios. No significa que solo "contiene" enseñanzas interesantes, sino que el mismo "aliento" de Dios está en Su Palabra. Este Espíritu eterno debe vivificar Su Palabra en nuestros corazones.

Cuando Jesucristo luchó contra el diablo, la única arma eficaz en esa batalla fue la Palabra.

En Mateo 4:1-11 leemos:

"Luego el Espíritu llevó a Jesús al desierto para ser tentado por el diablo. Después de ayunar cuarenta días y cuarenta noches, tuvo hambre. El tentador se acercó y le propuso: —Si eres el Hijo de Dios, ordena a estas piedras que se conviertan en pan. Jesús respondió: —**Escrito está:** "No solo de pan vive el hombre, sino de toda palabra que sale de la boca de Dios". Luego el diablo lo llevó a la ciudad santa e hizo que se pusiera de pie sobre la parte más alta del Templo y le dijo: —Si eres el Hijo de Dios, tírate abajo. Pues escrito está: "Ordenará que sus ángeles te protejan y ellos te sostendrán en sus manos para que no tropieces con piedra alguna"».—También **está escrito**: "No pongas a prueba al Señor tu Dios" —contestó Jesús. De nuevo el diablo lo llevó a una montaña muy alta. Allí le mostró todos los reinos del mundo y su esplendor. Y le dijo: —Todo esto te daré si te postras y me adoras. —¡Vete, Satanás! —dijo Jesús—. Porque **escrito está**: "Adora al Señor tu Dios y sírvele solamente a él". Entonces el diablo lo dejó y ángeles acudieron a servirle".

He subrayado las palabras "escrito está" en este texto. Jesucristo nos ha enseñado a vencer al enemigo con la Palabra de Dios.

El Verbo de Dios

Jesucristo, en su preexistencia, fue llamado "el Verbo". Juan 1:1-5 explica:

"En el principio ya existía el Verbo, y el Verbo estaba con Dios, y el Verbo era Dios. Él estaba con Dios en el principio. Por medio de él todas las cosas fueron creadas; sin él, nada de lo creado llegó a existir. En él estaba la vida, y la vida era la luz de la humanidad. Esta luz resplandece en la oscuridad, y la oscuridad no ha podido apagarla".

El versículo 14 agrega:

"Y el Verbo se hizo hombre y habitó entre nosotros. Y contemplamos su gloria, la gloria que corresponde al Hijo único del Padre, lleno de gracia y de verdad".

A esto lo llamamos *la encarnación*, ya que el Verbo se hizo carne en la persona de Jesucristo. Cuando se dice que el Verbo o la Palabra se hizo carne, también es un llamado para nosotros. Las enseñanzas deben hacerse realidad en nuestra vida, no solo quedarse en teoría, tal como sucedió en la encarnación de Jesucristo. Hay 35 centímetros entre la cabeza y el corazón, pero algunas veces parece una distancia invencible para algunas personas.

En Apocalipsis 19:11-13, vemos al jinete del caballo blanco, del cual se dice:

"Luego vi el cielo abierto y apareció un caballo blanco. Su jinete se llama Fiel y Verdadero. Con justicia dicta sentencia y hace la guerra. Sus ojos resplandecen como llamas de fuego, y muchas diademas ciñen su cabeza. Lleva escrito un nombre que solo él conoce. Está vestido de un manto teñido en sangre, y su nombre es **'el Verbo de Dios'**".

Al describirlo como *"el Verbo de Dios",* entendemos que este jinete es Jesucristo.

La espada del Espíritu

Cuando Pablo habla de la armadura de Dios en Efesios 6 dice en versículo 17:

"Tomen el casco de la salvación y la espada del Espíritu, que es la palabra de Dios".

La única arma de ataque es la espada, o la Palabra de Dios. El resto son una armadura de defensas.

Dice *la espada del Espíritu.* Por lo tanto, debemos utilizarlo *con el Espíritu* de Dios. Es en sus manos que tiene autoridad y ejerce su influencia. No podemos desconectar la Palabra de la dirección del Espíritu de Dios. Esto es el "aliento" de Dios, el cual da vida a la Palabra.

La Palabra de Dios en nuestro ministerio

Mirando a Jesucristo vemos que trasmitía las cosas de Dios por su boca. Perdonaba pecados *con una palabra*, sanaba enfermos con la palabra, resucitaba muertos con la palabra. El instrumento que siempre utilizaba en representación de Dios fue la Palabra.

Un carpintero tiene varias herramientas para tratar la madera. Una costurera para trabajar la tela. Pero tú y yo como siervos del Señor utilizamos la Palabra de Dios para cambiar el mundo. La autoridad de Dios, la sanidad (*"envió su palabra y los sanó";* Sal 107:20, RV1960), la liberación, el perdón, todo fluye en la Palabra de Dios, y a través de *nuestra fe* en ella.

Lección 7:
El amor de Dios me obliga

El amor de Cristo nos obliga, porque estamos convencidos de que uno murió por todos y por consiguiente todos murieron. Y él murió por todos, para que los que viven ya no vivan para sí, sino para el que murió por ellos y fue resucitado (2 Co 5:14-15).

Porque el amor de Cristo nos constriñe, pensando esto: que si uno murió por todos, luego todos murieron; y por todos murió, para que los que viven, ya no vivan para sí, sino para aquel que murió y resucitó por ellos. (2 Co 5:14-15 RVR1960).

¿Has sentido el amor de Dios en tu vida? Es algo que te obliga y empuja. Pablo lo sentía y fue el motor en su ministerio en las misiones.

La Biblia enseña y dice que *"Dios es amor"* (1 Jn 4:8). La misma esencia de Dios es amor, porque Él *"es amor"*. No un amor sentimental y diluido, sino uno que puede dar su vida por un amigo, y hasta por un pecador. Jesucristo dio su vida por nosotros, cuando todavía éramos pecadores. Un hombre puede dar su vida por su familia y amigos, pero la Biblia dice:

"Porque tanto amó Dios al mundo que dio a su Hijo único, para que todo el que cree en él no se pierda, sino que tenga vida eterna. Dios no envió a su Hijo al mundo para condenar al mundo, sino para salvarlo por medio de él" (Jn 3:16-17).

La misión de Dios comienza con: *"Porque tanto amó Dios al mundo que dio a su Hijo único"*.

Ser misionero, significa ser una persona que ama a los hombres

Si quieres ser misionero, es absolutamente esencial que el amor de Dios llene tu corazón, y tus motivaciones. La Biblia enseña que *"Dios es amor"* (1 Jn 4:8); esa es su esencia.

Primero debemos identificar de lo que significa la palabra "amor". Tenemos la palabra *"eros"*, que significa "egoísmo"; uno sólo piensa en sí mismo, y tiene una tendencia sexual. Las palabras *"fileos"* o *"storge"* significa un amor entre hermanos, o de familia, y significa que uno "defiende las amistades y la familia". Otra palabra que se utiliza acerca de Dios es la palabra "ágape". Es un amor que se da, porque el amor sale de Él, sin motivos. Sencillamente ama.

Pablo en 1 Corintios 13 explica lo que significa este amor:

"El amor es paciente, es bondadoso. El amor no es envidioso ni presumido ni orgulloso. No se comporta con rudeza, no es egoísta, no se enoja fácilmente, no guarda rencor. El amor no se deleita en la maldad, sino que se regocija con la verdad. Todo lo disculpa, todo lo cree, todo lo espera, todo lo soporta" (vv.4-7).

Una persona paciente, bondadosa, que no tiene envidia, ni es presumida ni orgullosa. Una que no se enoja fácilmente, y no guarda rencor. Según esta definición, esto es una persona con amor.

Los primeros tres versículos del mismo capítulo empiezan así:

"Si hablo en lenguas humanas y angelicales, pero no tengo amor, no soy más que un metal que resuena o un platillo que hace ruido. Si tengo el don de profecía y entiendo todos los misterios; si poseo todo conocimiento, si tengo una fe que logra trasladar montañas, pero me falta el amor, no soy nada. Si reparto entre los pobres todo lo que poseo, si entrego mi cuerpo para tener de qué presumir, pero no tengo amor, nada gano con eso".

Hay tres ejemplos aquí que nos muestran los dones carismáticos que Pablo ha enseñado en el capítulo anterior, en 1 Corintios 12.

El primer ejemplo es hablar en lenguas, o lenguas angélicas, pero si no tienes amor, no vale para nada, sino sólo es "ruido". Igualmente saca "las profecías" y "entender todos los misterios"; y si "poseo todo el conocimiento", o si tengo "fe" para trasladar a las montañas. Esto viene a ser un hombre que tiene muchos dones espirituales. Sin embargo, Pablo dice que, si le falta amor, *"no es nada"*.

En lo último habla de gente que reparte todos sus bienes a los pobres; o hasta entrega su cuerpo para tener que presumir —esto tampoco vale nada delante de Dios, si no hay amor. De esta forma, nos muestra la importancia de la esencia de Dios en nosotros; Él es amor.

Podíamos añadir que, si fueras misionero, y entregaras todo tu dinero, y hasta tu vida en el extranjero, pero si no tienes amor, esto no llega a valer nada delante de Dios.

Si una esposa dice a su marido: "Marido mío, no te amo, se acabó el amor, pero seguiré siendo tu esposa. Te haré la comida, lavaré tu ropa, pero no te amo". En esto termina de existir la esencia real del matrimonio. Existe una dimensión en la relación que solo el amor puede llenar y dar la esencia correcta a la relación, y esta es el amor "ágape".

Oí una vez a un hombre decir algo después de la muerte de su mujer. Tenían una casa bonita que habían comprado juntos, una buena lavadora, lavavajillas, etc. Lo mostró diciendo que esto lo compró junto con su esposa para hacer la vida más sencilla para ellos. Ahora lo miraba y estaba sin sentido, ya que ella no estaba con él. Carecía de significado para él, porque lo que había llenado la casa lo había dejado.

Romanos 5 nos enseña lo siguiente

"Y esta esperanza no nos defrauda, porque Dios ha derramado su amor en nuestro corazón por el Espíritu Santo que nos ha dado. A la verdad, como éramos incapaces de salvarnos, en el tiempo señalado Cristo murió por los impíos. Difícilmente habrá quien muera por un justo, aunque tal vez haya quien se atreva a morir por una persona buena. Pero Dios demuestra su amor por nosotros en esto: en que cuando todavía éramos pecadores, Cristo murió por nosotros" (Ro 5:5-8).

De esto aprendemos que cuando nos entregamos a Jesucristo, Dios nos llenó con su Espíritu y de *"su amor en nuestros corazones"*. Sabemos lo que es el amor de Dios cuando somos cristianos. Dios nos lo ha dado.

Es este amor que es la fuente de la misión cristiana. Esto es lo que nos "obliga" a evangelizar y compartir nuestra fe con los demás.

En Hechos 4 encontramos a Pedro y Juan, primero encarcelados, y después puestos ante el Sanedrín de los judíos (de su gobierno interno). Entonces dice en los versículos 18 al 20:

"Los llamaron y les ordenaron terminantemente que dejaran de hablar y enseñar acerca del nombre de Jesús. Pero Pedro y Juan replicaron: —¿Es justo delante de Dios obedecerlos a ustedes en vez de obedecerlo a él? ¡Júzguenlo ustedes mismos! Nosotros no podemos dejar de hablar de lo que hemos visto y oído".

Las palabras de Pedro y Juan a los líderes judíos fueron: *"¿Es justo delante de Dios obedecerlos a ustedes en vez de obedecerlo a él? ¡Júzguenlo ustedes mismos! Nosotros no podemos dejar de hablar de lo que hemos visto y oído".*
Nuestro Señor Jesucristo nos mandó de salir y predicar este evangelio a todo el mundo. Tenemos que hacerlo, aunque algunos nos quieren prohibir. El amor de Dios en nosotros nos obliga a salir y predicar y enseñar la Palabra de Dios. El motor en nosotros es este amor que Dios ha derramado en nosotros.

He visto varias madres que han tenido hijos drogadictos. El estado de sus hijos no les ha quitado el amor por ellos. Odian la droga que ha quitado a sus hijos de ellas, y los ha deformado, pero los siguen amando.

Lección 8:
"Mi trabajo" o el trabajo de Dios

Pablo habla mucho de "gloriarse". Se basa en el orgullo humano, el deseo de ser visto y reconocido. En la base de su discusión está la idea de morir a uno mismo. ¡Qué difícil es para el hombre dar totalmente lugar a Dios en su vida!

1 Corintios 1:31 dice: *"Para que, como está escrito: «Si alguien ha de **gloriarse, que se gloríe en el Señor»**"*. Esto significa dar toda la gloria a Dios. Rendirnos completamente ante él.

2 Corintios 10:17 dice: *"Si alguien ha de **gloriarse, que se gloríe en el Señor**"*.

Jeremías 9:24 dice: *"Si alguien ha de **gloriarse, que se gloríe de conocerme y de comprender que yo soy** el Señor, que actúo en la tierra con gran amor, derecho y justicia, pues es lo que a mí me agrada»,* afirma el Señor".

Ser reconocido
Es algo natural que queramos ser reconocidos. Pero cuando hablamos de un misionero, o apóstol, o "enviado" (que es lo mismo en diferentes idiomas), entonces estamos hablando de un "embajador" que no se representa a sí mismo, sino representa otra nación. Tiene que olvidarse de su propia opinión y representar a su nación. Nosotros representamos al reino de Dios.

Pablo sabía que no iba en su propio nombre, y no se representaba a sí mismo, sino a Dios y a Jesucristo. Por eso tenía los recursos del Reino de Dios a su lado. Sabía utilizar estos recursos. Por eso las victorias que obtuvo no fueron suyas, sino de Dios. Por lo tanto, la gloria de estos avances fue de Dios, y no de él y su equipo.

Somos siervos inútiles

En Lucas 17:7-10 nos enseña Jesucristo la siguiente enseñanza:

> "Supongamos que uno de ustedes tiene un siervo que ha estado arando el campo o cuidando las ovejas. Cuando el siervo regresa del campo, ¿acaso le diría "ven enseguida a sentarte a la mesa"? ¿No le diría más bien "prepárame la comida y cámbiate de ropa para atenderme mientras yo ceno; después tú podrás cenar"? ¿Acaso le daría las gracias al siervo por haber hecho lo que se le mandó? Así también ustedes, cuando hayan hecho todo lo que se les ha mandado, deben decir: "Somos siervos inútiles; no hemos hecho más que cumplir con nuestro deber".

"Somos siervos inútiles; no hemos hecho más que cumplir con nuestro deber". Esto es la conclusión que Jesucristo nos enseña en este texto. Esto significa tener un conocimiento profundo de la naturaleza adánica, que es totalmente rebelde contra Dios. Lo que hace la diferencia en nosotros como hijos de Dios es que Dios mismo ha venido a habitar en nosotros, por causa de la obra de Jesucristo. Él nos ha enviado su Espíritu Santo. Esto nos capacita a representarle ante los hombres.

Por lo tanto, no estoy en "mi trabajo", sino en el trabajo de Dios. Él me ha enviado y me da todo lo que necesito.

En este libro he contado cómo Dios me mandó a España. Cuando vine a España para estudiar el idioma me quedé, no por mi propio pensamiento, sino por una necesidad en la misión. Yo no tenía provisiones para esta situación, pero Dios sí las tenía. En cada paso que he tenido que tomar en obediencia, Él siempre ha provisto lo necesario. Cuando he obedecido, todo ha funcionado. Por lo tanto, toda la gloria es para Él.

Cuando estoy en la misión de levantar iglesias, no estoy en mi trabajo, sino en el trabajo de Él. He estado trabajando en fundar unas diez iglesias, y he trabajado en otras ocho obras en España, las cuales han sido levantadas por medio de otros misioneros o pastores. Doy gracias a Dios porque me ha tomado para estar en su obra. Me ha dado "la gracia" de hacer algo en el reino de Dios en España.

Esto no nos deja sin recompensa, sino que el Señor también ha pensado en ello.

La recompensa

"—¡Mira, nosotros lo hemos dejado todo por seguirte! —le dijo Pedro—. ¿Y qué ganamos con eso? —Les aseguro —respondió Jesús— que en la renovación de todas las cosas, cuando el Hijo del hombre se siente en su trono glorioso, ustedes que me han seguido se sentarán también en doce tronos para juzgar a las doce tribus de Israel. Y todo el que por mi causa haya dejado casas, hermanos, hermanas, padre, madre, hijos o terrenos recibirá cien veces más y heredará la vida eterna. Pero muchos de los primeros serán últimos y los últimos serán primeros" (Mt 19:27-30).

La pregunta inicial dice mucho: *"—¡Mira, nosotros lo hemos dejado todo por seguirte! —le dijo Pedro—. ¿Y qué ganamos con eso?"*. Alguien se pone en el servicio de otro para tener una ganancia. Pedro se pregunta, si siguen a Jesucristo, ¿qué van a ganar con esto? Debe haber una recompensa en esta labor.

Por supuesto que sí, dice Jesucristo: *"Y todo el que por mi causa haya dejado casas, hermanos, hermanas, padre, madre, hijos o terrenos recibirá cien veces más y heredará la vida eterna. Pero muchos de los primeros serán últimos y los últimos serán primeros"*.

"Recibirá cien veces más y heredará la vida eterna". Hay recompensa ya en esta vida por haber dejado padre, madre, hermanos y hermanos, y hasta sus hijos. Ya en esta vida terrenal tendremos cien veces más, de hermanos o de padres y madres. No es que nuestro ministerio sea un constante sufrimiento, sino que ya, aquí, tenemos mucha recompensa.

Después tenemos el aspecto eterno, donde el Señor habla de "vida eterna". La recompensa será muy grande para el que quiere servir a Dios y Jesucristo en el reino de Dios. No será fácil el trabajo, como no fue fácil para Pablo. Pero no le faltó las recompensas.

Si hablamos de forma humana, podemos decir que Dios es un buen empresario, que sabe recompensar bien a sus trabajadores.

Pablo hablaba de sí mismo como "siervo de Dios" en sus cartas, pero emplea la palabra griega de *"doulos"* (Δοῦλος), que literalmente significa "esclavo". Nuestras traducciones utilizan la palabra "siervo". Pero la idea de la palabra esclavo es que no se pertenece a sí mismo, sino a otro. Pablo dijo que no podía hacer lo que le daba la gana, sino que tenía que obedecer a su amo, que era Dios y Jesucristo. El fruto del trabajo de un esclavo llegaba a ser de su dueño. El fruto de nuestro trabajo es de Dios porque estamos en "su obra".

Cuando Jesucristo hablaba de sí mismo y su ministerio, decía estas palabras:

"Yo no puedo hacer nada por mi propia cuenta; juzgo solo según lo que oigo y mi juicio es justo, pues no busco hacer mi propia voluntad, sino cumplir la voluntad del que me envió" (Jn 5:30).

Juan 14:8-14 dice:

"—Señor —dijo Felipe—, muéstranos al Padre y con eso nos basta. Jesús le contestó: —¡Pero, Felipe! ¿Tanto tiempo llevo ya entre ustedes y todavía no me conoces? El que me ha visto a mí ha visto al Padre. ¿Cómo puedes decirme: "Muéstranos al Padre"? ¿Acaso no crees que yo estoy en el Padre y que el Padre está en mí? Las palabras que yo les comunico, no las hablo como cosa mía, sino que es el Padre que está en mí, quien realiza sus obras. Créanme cuando digo que yo estoy en el Padre y que el Padre está en mí o al menos, créanme por las obras mismas. Les aseguro que el que cree en mí también hará las obras que yo hago y aun las hará mayores, porque yo vuelvo al Padre. Cualquier cosa que ustedes pidan en mi nombre, yo la haré; así será glorificado el Padre en el Hijo. Lo que pidan en mi nombre, yo lo haré".

*"**Yo no puedo hacer nada por mi propia cuenta**"*. Jesucristo manifiesta que todo lo que hace, o lo que habla, viene y procede del Padre celestial. Él solamente es un siervo fiel, que trasmite de parte del Padre la revelación divina a este mundo.

Cuando Felipe le pregunta, "muéstranos al Padre y con esto nos basta", en la respuesta de Jesucristo vemos un poco la idea: *"Pero Felipe, ¿tanto tiempo he estado contigo y no lo has visto y entendido? Créanme cuando digo que yo estoy en el Padre y que el Padre está en mí o al menos, créanme por las obras mismas"*. Después explica cómo funcionan las cosas: *"Las palabras que yo les comunico, no las hablo como cosa mía, sino que es el Padre que está en mí, quien realiza sus obras"*.

Después sigue explicando que los apóstoles van a seguir haciendo las mismas obras, como representantes del reino de Dios. Dice: *"Les aseguro que el que cree en mí también hará las obras que yo hago y aun las hará mayores, porque yo vuelvo al Padre. Cualquier cosa que ustedes pidan en mi nombre, yo la haré; así será glorificado el Padre en el Hijo. Lo que pidan en mi nombre, yo lo haré"*.

Los dos caminos

En el obrar en este mundo hay dos ejemplos. Uno es el de Satanás y el otro es el camino de Jesucristo.

En Ezequiel 28:12-19 se suele entender como una manifestación de Satanás, porque dice:

> "Eras un modelo de perfección, lleno de sabiduría y de hermosura perfecta. Estabas en Edén, en el jardín de Dios.... Fuiste ungido querubín protector, porque yo así lo dispuse. Estabas en el santo monte de Dios y caminabas sobre piedras de fuego".

El texto habla de un querubín protector, quién estaba en el monte santo de Dios, y de allí cayó:

"Por la abundancia de tu comercio, te llenaste de violencia y pecaste. Por eso te expulsé del monte de Dios, como a un objeto profano. A ti, querubín protector, te eliminé de entre las piedras de fuego. A causa de tu hermosura tu corazón se llenó de orgullo".

Este querubín protector entró en un camino de orgullo y soberbia.

El profeta Isaías 14:12-15 explica lo mismo:

"¡Cómo has caído del cielo, lucero, hijo de la mañana! Tú, que sometías a las naciones, has caído por tierra. Decías en tu corazón: «Subiré hasta los cielos. ¡Levantaré mi trono por encima de las estrellas de Dios! Gobernaré desde el extremo norte, en el monte de la reunión. Subiré a la cresta de las más altas nubes, seré semejante al Altísimo». ¡Pero has sido arrojado a los dominios de la muerte, a las profundidades del abismo!".

Su soberbia y rebeldía decía: *"Decías en tu corazón: «Subiré hasta los cielos. ¡Levantaré mi trono por encima de las estrellas de Dios!"*.

Satanás ha andado en un camino de "querer hacerse algo", de querer ser como Dios.

Jesucristo ha dado otro ejemplo, de hacerse como el hombre. Filipenses 2:5-11 explica:

"La actitud de ustedes debe ser como la de Cristo Jesús, quien, siendo por naturaleza Dios, no consideró el ser igual a Dios como algo a qué aferrarse. Por el contrario, se rebajó voluntariamente, tomando la naturaleza de siervo y haciéndose semejante a los seres humanos. Y al manifestarse como hombre, se humilló a sí mismo y se hizo obediente hasta la muerte, ¡y muerte de cruz! Por eso Dios lo exaltó hasta lo sumo y le otorgó el nombre que está sobre todo nombre, para que ante el nombre de Jesús se doble toda rodilla en el cielo y en la tierra y debajo de la tierra, y toda lengua confiese que Jesucristo es el Señor, para gloria de Dios Padre".

Jesucristo se humilló: *"quien, siendo por naturaleza Dios, no consideró el ser igual a Dios como algo a qué aferrarse"*. Vemos su disposición en estas palabras: *"Por el contrario, se rebajó voluntariamente, tomando la naturaleza de siervo y haciéndose semejante a los seres humanos"*. Dice que "voluntariamente" entró en este ministerio de humillación. *"Y al manifestarse como hombre, se humilló a sí mismo y se hizo obediente hasta la muerte, ¡y muerte de cruz!"*. Esto lo hizo con fe en el Padre y en su amor. Dice: *"Por eso Dios lo exaltó hasta lo sumo y le otorgó el nombre que está sobre todo nombre, para que ante el nombre de Jesús se doble toda rodilla en el cielo y en la tierra y debajo de la tierra, y toda lengua confiese que Jesucristo es el Señor, para gloria de Dios Padre"*.

Tú y yo también andaremos en uno de estos dos caminos. Somos expuestos a fuertes tentaciones por el enemigo, sobre lo que Juan en su epístola, en el capítulo 2, llama "la vanagloria de la vida". El ser orgulloso en forma humana, para engrandecerse. Esto suele terminar muy mal.

Por eso, cuando Jesucristo nos enseña a decir *"somos siervos inútiles; no hemos hecho más que cumplir con nuestro deber"*, esto debe ser una lección que nos siga en esta vida. Entonces llegaremos bien.

Lección 9:
Ser misionero y vivir como extranjero

"Por lo tanto, vayan y hagan discípulos en todas las naciones. Bautícenlos en el nombre del Padre, del Hijo y del Espíritu Santo" (Mt. 28:19).

Jesucristo no dice que vamos a ir a la iglesia, sino que vamos a ir a todas las naciones y hacer discípulos. Tú puedes empezar a hacerlo donde vives. No se trata tanto de estudiar para ser misionero, sino de serlo donde tú estás. Si lo somos en casa, lo seremos fuera. Se trata de *ser* lo que somos por el llamado de Jesucristo; lo que Dios nos ha hecho. Vivirlo y manifestarlo. Si lo *eres*, lo serás donde vayas.

Marcos 1:16-18 dice:

"Pasando junto al lago de Galilea, Jesús vio a Simón y a su hermano Andrés que echaban la red al lago, pues eran pescadores. «Vengan, síganme —dijo Jesús—, y los haré pescadores de hombres». Al instante dejaron las redes y lo siguieron".

Jesús dice: *"los haré pescadores de hombres"*. Significa que la preparación de sus ministerios está en manos de Jesucristo. En el momento que dejamos todo y que estamos en sus manos ya somos discípulos. Llegamos a *ser*.

Entre los griegos se habla de gnosticismo. *Gnosis* significa "conocimiento". Pero también es una filosofía que divide al hombre en dos; interior y exterior. Pero no lo divide según el pensamiento hebreo y lo que enseña la Biblia. Por eso el apóstol Pablo advertía fuertemente contra el "gnosticismo" como una influencia mala sobre la iglesia, después de su partida. Así ha sido cuando la iglesia gentil tomó el camino gnóstico, y más bien fue dirigida por el conocimiento humano, que por Dios. El gnóstico cree que puede educar y preparar los misioneros, y mandarlos según la inteligencia humana.

Puedes entender la diferencia entre este método y lo que explico de la Biblia. Estoy hablando del llamado de Dios, y la preparación de Dios de nuestros ministerios como algo básico. Tampoco estoy en contra de las escuelas bíblicas, pero estoy en contra de esta influencia que llamo "gnóstica". De relegar la preparación a lo humano, y no dejarla en manos de Dios. Reemplazar a Dios con nuestro "conocimiento" (en griego, *gnosis*).

Entre los hebreos que han escrito la Biblia, se observa que están más hablando del "ser" como una totalidad. Pablo hablaba de espíritu, alma y cuerpo en 1 Tesalonicenses 5:23:

> "Que Dios mismo, el Dios de paz, los santifique por completo, y conserve todo su ser —espíritu, alma y cuerpo—, irreprochable para la venida de nuestro Señor Jesucristo. El que los llama es fiel y así lo hará".

El versículo 24 dice que Dios hará santificación de nuestro ser. Es obra suya, no nuestra. El enfoque es importante, si está puesto en nuestro "yo" o en los hombres que nos rodean, o si está en Dios. Nuestro ser está formado y sigue siendo formado por Dios.

Subrayo este punto porque el hombre quieres ser su propio Señor. Pero la confesión básica para ser cristiano en el primer tiempo fue confesar: "Jesucristo es Señor" (*Kyrios* en griego). Esta palabra, *"Kyrios",* se la atribuía el Cesar para hacerse divino y poder así tomar la autoridad sobre las personas del reino. No son meras palabras; es el significado que está detrás es lo que debe dominarnos.

"Jesucristo es el Señor" significa que no me pertenezco más, sino que pertenezco al Señor Jesús. Mi formación pertenece a Él, y Él me dirige, y esto forma mi "ser". Soy cristiano, no "me he hecho cristiano". No puedo *hacerme* cristiano, sino que he nacido de nuevo, y tengo un *nuevo ser*, que el Señor me ha dado.

El llamado del Señor me hace "misionero". El empoderamiento de "ser" está en el Señor y en su llamado. Esto es lo que he intentado subrayar en este apartado. ¿Por qué lo subrayo?

Vivo en Europa, donde la gente se llama "cristiana", pero la realidad es que muy pocos los "son". Tienen un "nombre" de algo que no viven. Esto podemos llevarlo al campo misionero. Hay muchos que intentan ser algo que no son. Esto es una desgracia cuando no entendemos bien las cosas. Lo he visto y he convivido con muchos "misioneros". Han venido muchos "misioneros" al campo misionero, y después de cuatro años, han desaparecido y nunca vuelven. Para mí han sido como "turistas" que han pasado para apoyar la obra. Tienen interés en las misiones, pero no les puedo llamar "misioneros". Por eso me he preguntado, ¿por qué pasa esto? Por eso intento responderlo con mi enseñanza aquí.

La obra de Dios

No nacemos para ser "cristianos" en un país llamado "cristiano". Jesucristo dijo que debemos "nacer de nuevo" o "nacer de arriba" (*cf.* Jn 3:1-8). De otra forma, no podemos entrar en el reino de Dios. Se trata de entrar en el reino de Dios. Sólo podemos entrar allí por "nacimiento".

Tampoco podemos entrar en el ministerio sin el llamado de Dios. Antes leímos en 1 Tesalonicenses 5:23: *"Que Dios mismo, el Dios de paz, los santifique por completo, y conserve todo su ser —espíritu, alma y cuerpo—, irreprochable para la venida de nuestro Señor Jesucristo. El que los llama es fiel y así lo hará"*. Pablo empieza diciendo: *"Que Dios mismo…"*. Qué Él *"los santifique por completo"*. Y al final dice: *"y así lo hará"*. En el centro de toda esta enseñanza está Dios. Quien obra constantemente en nuestras vidas es Él. Cuando le dejamos entrar, todo va a funcionar perfectamente.

¿Qué quiero decir con esto? Quiero decir que el peligro es que reemplazamos a Dios con nuestra propia inteligencia y deseo de hacer cosas, y no le dejemos a Él ser Señor. Este tipo de "reemplazamiento" es fatal. Deja a Dios ser Dios.

Yo he visto mucha gente que ha querido "santificarse" en España. Tuve una hermana que me dijo cómo, en su vida pasada, se puso hierros en las piernas para afligir su carne, y cómo andaba de rodillas para besar a un "santo" en una montaña en su vieja religión. Obras religiosas, pero totalmente infructuosas. Ella llegó a la conclusión de que ella misma no podía cambiarse a sí misma siguiendo este camino, aunque se llamaba "religiosa". Fracasó. Cuando ella se entregó de corazón al Señor Jesucristo, Él la cambió totalmente, no por sus obras, sino por un acto del mismo Señor. Después, ella fue una "piedra preciosa" en la iglesia del Señor, que brillaba para Él.

El otro peligro será que esta enseñanza me puede paralizar, hacerme como un paralítico. Pensamos que debo estar quieto porque Dios tiene que hacer todo. Así no habla el Señor en su Palabra, sino que esto es otra exageración. Hemos visto cómo Pablo salió en su segundo viaje misionero, sin saber exactamente qué hacer, pero Dios le llevó a Europa. Mientras que andaba, Dios le dirigía. Debemos tener un equilibrio espiritual en todas las cosas.

Es verdad que el Señor dice en Juan 14:9-14:

"Señor —dijo Felipe—, muéstranos al Padre y con eso nos basta. Jesús le contestó: —¡Pero, Felipe! ¿Tanto tiempo llevo ya entre ustedes y todavía no me conoces? El que me ha visto a mí ha visto al Padre. ¿Cómo puedes decirme: "Muéstranos al Padre"? ¿Acaso no crees que yo estoy en el Padre y que el Padre está en mí? Las palabras que yo les comunico, no las hablo como cosa mía, sino que es el Padre que está en mí, quien realiza sus obras. Créanme cuando digo que yo estoy en el Padre y que el Padre está en mí o al menos, créanme por las obras mismas. Les aseguro que el que cree en mí también hará las obras que yo hago y aun las hará mayores, porque yo vuelvo al Padre. Cualquier cosa que ustedes pidan en mi nombre, yo la haré; así será glorificado el Padre en el Hijo. Lo que pidan en mi nombre, yo lo haré".

Jesucristo sabe que el Padre está en Él. No trabaja por su propia cuenta, sino que sus palabras y sus obras son las palabras y obras de su Padre en Él. Al saber lo que debe hacer, lo hace. Es muy productivo durante sus tres años y medio de ministerio. Constantemente manifiesta la vida de su Padre. Esta obra no fluye en un hombre "paralizado", sino en un hombre que anda y se entrega a los demás.

Cuando Jesucristo dice en Juan 5:30: _"Yo no puedo hacer nada por mi propia cuenta; juzgo solo según lo que oigo y mi juicio es justo, pues no busco hacer mi propia voluntad, sino cumplir la voluntad del que me envió"_, Él está hablando de su entrega, que su vida y su cuerpo está dado a Dios el Padre, quien vive en Él y hace su servicio. Dios no es inactivo, sino al contrario, siempre obra. Jesucristo tuvo su tiempo de preparación durante sus treinta años en Nazaret. Pero, al ser llamado y entrar en el ministerio, fue muy fructífero. Él llamó a los doce para prepararlos para el ministerio. Él mismo estuvo a su lado durante esos tres años y medio. Fue Él quien dijo a Simón Pedro: _"Te haré pescador de hombres"_. Pedro y Andrés andaban todo el tiempo al lado del Señor, aprendiendo a hacer Su obra.

Ser extranjero

Ser extranjero implica no compartir el idioma, la cultura ni los lazos familiares con quienes habitan en un país. Esta condición puede hacerte sentir "fuera de lugar" y generar sentimientos de aislamiento y tristeza. Sin embargo, estos sentimientos deben ser gestionados con la guía y el amor de Dios.

En Hebreos 11:9 leemos:

> "Por la fe se radicó como extranjero en la tierra prometida y habitó en tiendas de campaña con Isaac y Jacob, herederos también de la misma promesa".

A Abraham, Isaac y Jacob les tocó vivir como extranjeros en la tierra prometida. Ellos confiaron por fe en que Dios cumpliría Su promesa de entregarles esta tierra como herencia.

De manera similar, Pedro escribió a los expatriados de Israel, quienes, debido a las persecuciones en su tierra, se establecieron en la región de Asia Menor, hoy conocida como Turquía:

> "Pedro, apóstol de Jesucristo, a los elegidos, extranjeros dispersos por el Ponto, Galacia, Capadocia, Asia y Bitinia" (1 Pe 1:1).

Incluso, en los comienzos de la iglesia primitiva, muchos vivieron como extranjeros en diferentes tierras.

El propio Moisés expresó esta realidad al nombrar a su hijo Gersón, diciendo:

> "Soy un extranjero en tierra extraña" (Éx 2:22).

El pueblo de Dios a menudo se siente como extranjero en esta tierra, porque su verdadero hogar está en el cielo. Nuestro Padre celestial nos ha prometido una tierra diferente, y nuestro hermano mayor, Jesucristo, está sentado a la derecha del Padre, intercediendo por nosotros.

Tratar bien al extranjero

La Escritura también nos exhorta a tratar bien a los extranjeros que están entre nosotros:

> "Trata de igual manera al extranjero que no pertenece a tu pueblo Israel, pero que, atraído por tu gran fama y por tus despliegues de fuerza y poder, ha venido de lejanas tierras. Cuando ese extranjero venga y ore orientado hacia este templo..." (2 Cr 6:32).

"Cuando algún extranjero se establezca en el país de ustedes, no lo traten mal. Al contrario, trátenlo como si fuera uno de ustedes. Ámenlo como a ustedes mismos, porque también ustedes fueron extranjeros en Egipto. Yo soy el SEÑOR su Dios". (Lv 19:33-34).

Dios nos llama a extender Su amor a todos, recordándonos que nosotros también fuimos extranjeros en algún momento. La empatía y el respeto hacia el extranjero reflejan el carácter del Señor y Su mandato de amar al prójimo como a nosotros mismos.

Ser extranjero es una experiencia profundamente humana y multifacética que implica estar en un lugar diferente al propio, con una cultura, un idioma, y costumbres que no siempre se comprenden o comparten. Esto puede ser un desafío, pero también una oportunidad de crecimiento personal y espiritual. A lo largo de la historia, la figura del extranjero ha sido significativa en diferentes culturas y tradiciones, tanto en términos prácticos como simbólicos.

Aspectos del hecho de ser extranjero

Aislamiento y adaptación

Ser extranjero puede generar un sentimiento de aislamiento, ya que se pierde el sentido de pertenencia que proporciona la familiaridad con el entorno.

Sin embargo, también impulsa a adaptarse y aprender nuevas formas de vida, lo que amplía perspectivas y habilidades culturales y sociales. Por eso deja que esta situación te eduque y prospere.

Identidad y pertenencia

La experiencia de ser extranjero desafía la identidad personal y cultural, planteando preguntas como: *¿Quién soy fuera de mi tierra y mi cultura?*

Esto puede llevar a una reafirmación de la identidad propia o a la construcción de una identidad más amplia e inclusiva.

Empatía y comunidad

Vivir como extranjero fomenta la empatía hacia otros que pasan por experiencias similares.

En muchas culturas y religiones, se valora el cuidado del extranjero, como una expresión de humanidad y compasión.

Perspectiva espiritual

En términos espirituales, la idea de ser extranjero a menudo simboliza la vida terrenal como un peregrinaje hacia un hogar eterno. En la Biblia, por ejemplo, se habla del pueblo de Dios como "peregrinos y extranjeros" en la tierra (*cf.* 1 Pe 2:11).

Este concepto puede infundir esperanza y sentido, recordando que la verdadera ciudadanía está en algo más allá de las fronteras terrenales.

Ser extranjero en la actualidad

En el mundo globalizado de hoy ser extranjero es una experiencia más común debido a la migración por razones económicas, políticas o personales. Esto ha generado desafíos relacionados con la integración y la xenofobia, pero también oportunidades para enriquecer las sociedades con diversidad cultural. También nos da nuevas perspectivas para evangelizar.

Al final, ser extranjero es un recordatorio de la interconexión humana y de cómo, a pesar de las diferencias, todos compartimos la necesidad de ser aceptados, amados y valorados. La experiencia puede ser un puente hacia una mayor comprensión y unidad, tanto entre las personas como dentro de uno mismo.

Hay muchas cosas positivas de estar en otra nación. Aprendes un nuevo idioma y una nueva cultura. Esto te desarrolla como persona para entender a otras personas, y te da un crecimiento para entender a otras personas, y no estar concentrado en ti mismo, sino ver a los demás.

Lección 10:
¿Es igual en todos los lugares?

He comenzado obra pionera en diez lugares en España. ¿Es igual en todos los lugares? Significa que, si lo he hecho de una forma en un lugar, ¿puedo copiarlo en otro lugar? La respuesta es ¡no!

Vamos a ver dos cosas aquí: una es el lugar geográfico y lo que significa, y otra el lugar ministerial y su significado.

Es verdad que hay *ciertos principios espirituales que son iguales* en todo lugar. Predicamos la Palabra de Dios, enseñamos la oración, etcétera. Pero no estoy pensando en estas cosas, sino en mi forma de trabajar como misionero. Entrando en un primer lugar, Dios me dirigió a trabajar mucho como evangelista en la calle y abrirme paso en la cárcel. Trabajaba mucho con drogadictos y delincuentes en este sitio, pero también con el pueblo con sus habitantes. Se levantó la iglesia, que se ha propagado a varios pueblos.

En el segundo lugar, Dios me llevó a trabajar con un periódico, que comencé allí, y con cierta regularidad, lo saqué durante ocho años. Esto me dio otro tipo de contactos con empresarios que querían anunciarse en tal periódico. Con esto quiero decir que mi forma de trabajar ha sido diferente en lugares distintos. También influyen los tiempos. Mi forma de trabajo nunca ha sido monótona e igual. Siempre he tenido que desarrollarme y aprender nuevas cosas. Lo he hecho no por mis propios intereses, sino por el avance del reino de Dios.

En el segundo lugar de trabajo, recibimos también unos doce voluntarios desde Suecia, y estábamos además en un lugar turístico, con gente de diferentes partes del mundo. Esto significa que nuestro ministerio llegaba a diferentes personas e idiomas; algo que no había pasado en nuestro primer lugar de misiones. Allí solamente trabajábamos entre españoles. En ese entonces tampoco había llegado la inmigración a España, pero en mi segundo lugar de trabajo, a partir de 1996, ya sí venían muchos inmigrantes de todo el mundo. De este modo, el trabajo puede variar mucho.

Así sucesivamente ha sido el trabajo en diferentes lugares geográficos y diferentes tiempos.

En Juan 15 Jesucristo nos enseña una historia sobre la vid verdadera.

Lo cito aquí:

"Yo soy la vid verdadera y mi Padre es el labrador. Toda rama que en mí no da fruto la corta; pero toda rama que da fruto la poda para que dé más fruto todavía. Ustedes ya están limpios por la palabra que les he comunicado. Permanezcan en mí y yo permaneceré en ustedes. Así como ninguna rama puede dar fruto por sí misma, sino que tiene que permanecer en la vid, así tampoco ustedes pueden dar fruto si no permanecen en mí. Yo soy la vid y ustedes son las ramas. El que permanece en mí, como yo en él, dará mucho fruto; separados de mí no pueden ustedes hacer nada. El que no permanece en mí es desechado y se seca, como las ramas que se recogen, se arrojan al fuego y se queman. Si permanecen en mí y mis palabras permanecen en ustedes, pidan lo que quieran y se les concederá. Mi Padre es glorificado cuando ustedes dan mucho fruto y muestran así que son mis discípulos" (Jn 15:1-8).

El Padre es el labrador. De golpe, viene para *podar* las ramas, que somos nosotros. He pasado casi 15 años en una obra, y de golpe viene y me quita, para ponerme en otro lugar. Somos quitados del lugar de nuestros amigos, de todo, para comenzar de nuevo. Se suele dejar dos ojos en la rama para que crezca de nuevo para dar fruto. Realmente fue un nuevo comienzo, un traslado a otro lugar geográfico, y muchas cosas se "podaron" de mi vida.

Fui de un lugar a otro lugar. ¿Cómo es esta vida? ¿Qué dice el Señor acerca de esta vida? Habla de PERMANECER en la vid verdadera. Las ramas no pueden hacer nada por sí mismas, sino que dan fruto porque permanecen en la vid verdadera. *"Permanezcan en mí y yo permaneceré en ustedes. Así como ninguna rama puede dar fruto por sí misma, sino que tiene que permanecer en la vid, así tampoco ustedes pueden dar fruto si no permanecen en mí"* (Jn 15:4).

Habla de que vamos a dar MUCHO FRUTO: *"Yo soy la vid y ustedes son las ramas. El que permanece en mí, como yo en él, dará mucho fruto; separados de mí no pueden ustedes hacer nada" (v.5).* Justo este versículo ha sido como un lema para mi vida. Yo debo permanecer en Cristo, y cuando Él permanece en mí, fluye su buena savia en mi vida. Esta savia del Espíritu de Dios no puede fluir sin dar el mejor fruto posible.

En esto es glorificado el Padre, en que damos mucho fruto. *"Mi Padre es glorificado cuando ustedes dan mucho fruto y muestran así que son mis discípulos"* (Jn 15:8).

¿Es igual en todos los lugares?

La respuesta es que sigo siendo una rama en la vid verdadera. Pero se poda, y la vida que fluye dentro de la rama es la savia de la vid verdadera. Por eso produce mucho fruto.

Esto es lo mismo en todo lugar, y tiene que funcionar así. Pero la vid puede estar plantada en diferentes lugares. Las iglesias se edifican en lugares distintos, pero la vida en la vid es siempre la misma.

Pero hablemos del ministerio. ¿El ministerio puede cambiar? ¿Es siempre igual? Tomaré el ejemplo de Felipe, que fue separado por la iglesia en Jerusalén para ser "diácono". Los apóstoles pusieron sus manos sobre él y le apartaron para servir en la iglesia de Jerusalén. Vino la persecución y huyeron muchos hermanos y él llegó a Samaria, donde predicaba el evangelio y echaba fuera demonios, y bautizaba mucha gente al Señor. Allí fue llamado "evangelista". Ya no era llamado "diacono" porque su ministerio cambió. Ahora se dedicaba a predicar el evangelio de Jesucristo. Vino un ángel a hablarle y enviarle hacía un camino que iba hacía Gaza, y estaba vacío de gente, hasta que vino el eunuco de Etiopía en un carro, leyendo las Escrituras. El evangelista entró en acción. Pudo subir al carro y explicarle el evangelio de Jesucristo. Este hombre creyó y pidió ser bautizado a Cristo, algo que Felipe hizo en aguas en el camino.

En este momento el Espíritu arrebató a Felipe, y al final él llega a Cesarea. Cesarea es la capital romana de Israel en este tiempo. Aquí Felipe se queda como "pastor de la iglesia", y cuando Pablo y otros hermanos pasan por allí, dicen que Felipe tiene cuatro hijas solteras que profetizaban. Lucas lo escribe así en 21:8-9:

> "Al día siguiente salimos y llegamos a Cesárea, y nos hospedamos en casa de Felipe el evangelista, que era uno de los siete; este tenía cuatro hijas solteras que profetizaban".

¿Has entendido qué quiero manifestarte? Nuestro ministerio no está atado a una misma cosa. La iglesia con sus ministerios y el lugar geográfico influye en nuestro ministerio: Felipe fue diácono en Jerusalén, después fue evangelista en Samaria. Después le vemos pastoreando una iglesia de Cesarea. Nuestro ministerio puede cambiar, cuando nos movemos de un lugar a otro. Dios le necesitaba de diferentes formas, y en diferentes ministerios en diferentes lugares. Esto también puede pasar con nosotros.

He visto hermanos que vienen a España desde América Latina. He entendido que en Latinoamérica ellos funcionaban de otra forma, en comparación de cómo Dios les utiliza aquí en España.

Suelo decirme a mí mismo que he sido *"bautizado en diferentes lugares"*. Esto significa que tengo que introducirme en estos lugares e identificarme con la gente en este lugar. Es un proceso difícil. Tengo que hacer el mismo camino que hizo Jesucristo al venir a Israel. Se identificó con el hombre. Yo tengo que hacerme uno con las personas donde voy para poder predicarles el evangelio. Debo dejar que el lugar donde Dios me coloca pueda levantar el ministerio dentro de mí. ¿Quién vive en mí? Es Jesucristo y el Espíritu de Dios quienes me empujan por "su amor" a ministrar según la necesidad en cada lugar. Esto forma el ministerio que tengo que ejercer.

Explicándolo de otra manera puedo decir

- Si estoy entre niños, ministraré de una forma.
- Entre adolescentes, adaptándome a su cultura y edad.
- Entre adultos, de otra forma.
- Entre drogadictos y en la cárcel, de otra forma.
- Entre universitarios, de otra.

Estoy diciendo, por tanto, que tus oyentes o personas con las cuales te relacionas van formando tu ministerio y tu manera de comunicar el evangelio.

Lo explico de otra forma: la gente no se va a adaptar a "mi ministerio", sino que mi ministerio se va a adaptar a la necesidad que hay en el lugar donde llego. Creo que es esto lo que pasó con Felipe.

Esto requiere voluntad de cambiar y de aprender nuevas cosas. Significa ser flexible, como por ejemplo Pablo cuando llegó a Atenas. Leamos el texto en Hechos 17:16-23:

"Mientras Pablo los esperaba en Atenas, le dolió en el alma ver que la ciudad estaba llena de ídolos. Así que discutía en la sinagoga con los judíos y con los no judíos que adoraban a Dios, y a diario hablaba en la plaza con los que se encontraban por allí. Algunos filósofos epicúreos y estoicos entablaron conversación con él. Unos decían: «¿Qué querrá decir este charlatán?». Otros comentaban: «Parece que es predicador de dioses extranjeros». Decían esto porque Pablo anunciaba las buenas noticias de Jesús y de la resurrección. Entonces lo sujetaron y llevaron a una reunión del Areópago.

—¿Se puede saber qué nueva enseñanza es esta que usted presenta? —preguntaron—. Porque nos presenta usted ideas que nos suenan extrañas, y queremos saber qué significan. Es que todos los atenienses y los extranjeros que vivían allí se pasaban el tiempo sin hacer otra cosa más que escuchar y comentar las últimas novedades. Pablo se puso en medio del Areópago y tomó la palabra: —¡Ciudadanos atenienses! Observo que ustedes son sumamente religiosos en todo lo que hacen. Al pasar y fijarme en sus lugares sagrados, encontré incluso un altar con esta inscripción: A UN DIOS DESCONOCIDO. Pues bien, eso que ustedes adoran como algo desconocido es lo que yo les anuncio".

Pablo podía ver cómo había testimonio de Dios entre ellos sin que ellos se dieran cuenta. Pablo lo aprovechaba para introducir el evangelio de Jesucristo.

Lección 11:
¿Y si tenemos hijos y familia?

Entonces nos enfrentamos a los desafíos que implica tener una familia. También es diferente si los hijos nacen en la tierra de misión o si han crecido en su propio país antes de trasladarte al campo misionero. Encajo este capítulo 11 con consejos de muchos misioneros, no tanto los míos, y hago una síntesis de ello.

A menudo surge la pregunta: **¿Comparten nuestros hijos nuestro llamado del Señor a las misiones?**

Reflexionemos sobre la familia misionera. Primero y, ante todo, somos una familia, sin importar en qué parte del mundo vivamos. Tu llamado a servir a Dios es el mismo, ya sea en tu propio país o en el campo de misión. Básicamente, no veo diferencia en este sentido.

Las complicaciones surgen cuando los integrantes de la familia vamos a un país de diferente de raza y otra cultura, lo que puede generar choques culturales, especialmente para los hijos, en un entorno muy distinto al que los padres están acostumbrados. Esto también puede afectar a los adultos mayores de la familia.

Hay un momento en el que debemos dejar atrás nuestra forma de vida habitual y los patrones en los que estamos atrapados, consciente o inconscientemente, para insertarnos en una nueva cultura. Este proceso puede ser largo y desafiante. Algunas personas experimentan un estrés tan profundo que puede desencadenar enfermedades psicosomáticas, como trastornos estomacales o gastrointestinales, úlceras, depresión, baja autoestima, fatiga e inestabilidad emocional.

Cuando los hijos nacen en el lugar de misión, crecen y se identifican con esa cultura. Esta ha sido nuestra experiencia como familia misionera. Los problemas para estos niños surgen al regresar al país de sus padres, donde pueden sentir que no encajan.

Los hijos de misioneros, comúnmente llamados "TCK" (en inglés: **T**hird **C**ulture **K**ids), *o niños de tercera cultura*, viven una experiencia única debido al contexto multicultural en el que crecen. Sus vidas están marcadas por la movilidad, la mezcla de culturas y la influencia de un entorno espiritual y religioso particular. Esta experiencia ofrece tanto beneficios como desafíos singulares.

Si eres soltero o soltera, no pasas por los problemas que significa tener una familia con algunos hijos, lo cual vamos a tratar aquí ahora.

Características de los hijos de misioneros

Crecimiento en una "tercera cultura"
Los hijos de misioneros no pertenecen completamente a la cultura de sus padres ni a la del país donde viven. Esto da lugar a una "tercera cultura" que combina elementos de ambas.

Su identidad cultural es diversa y compleja, lo que puede enriquecer su perspectiva del mundo. En cuanto a mis hijas, al final ellas se casaron con hombres no-suecos. Se sentían más identificadas con personas que podían moverse en diferentes culturas. Mi hija mayor se casó con un varón francés que estudiaba en la universidad momentáneamente en nuestra ciudad de Suecia. Ya tienen dos hijos y viven en el norte de Francia.

Adaptabilidad
Por vivir en múltiples contextos, desarrollan habilidades de adaptación y flexibilidad cultural. Mi segunda hija fue a vivir un año en China. Al final se casó con un varón afgano. Mis hijas son sensibles a las diferencias culturales y han aprendido varios idiomas, lo que les ayuda a integrarse en diferentes entornos. Básicamente dominan cuatro idiomas bien, además de que tienen conocimientos de otros idiomas.

Conexión global

A menudo tienen una visión global y un sentido de pertenencia más allá de las fronteras nacionales. Mis hijas valoran la diversidad y están abiertos a experiencias y personas diferentes.

Desafíos únicos

Pertenencia e identidad

Puede ser difícil responder a la pregunta: *"¿De dónde eres?"*. Su sentido de pertenencia no siempre está ligado a un lugar físico. Al regresar al país de origen de sus padres, pueden experimentar "pertenencia" por la familia, pero tienen un choque cultural inverso, sintiéndose "extranjeros" en un lugar que se supone que es su hogar.

Estabilidad emocional

La constante movilidad puede dificultar la construcción de relaciones duraderas. Decir adiós a amigos y lugares frecuentemente puede generar sentimientos de pérdida. Especialmente en cierta edad de temprana adolescencia. Lo viví fuertemente con mi hija menor, porque tuvo 12 años al volver a Suecia. A veces, enfrentan presiones internas para ajustarse a las expectativas culturales de sus familias y comunidades. En el caso de mi hija fue en el colegio, ante todo.

Relaciones familiares

Los padres misioneros pueden estar muy involucrados en su ministerio, lo que puede llevar a una percepción de descuido emocional en los hijos si no se manejan bien las prioridades familiares.

Beneficios espirituales y personales

Fe arraigada

Al estar inmersos en un ambiente misionero, muchos hijos de misioneros desarrollan una comprensión profunda de la fe y del propósito de vida. Mis hijas siempre han tenido una visión clara acerca de los asuntos de la fe. Las experiencias de servir y vivir en diferentes contextos fortalecen su relación con Dios y su sentido de misión.

Enriquecimiento cultural y espiritual

Crecer en culturas diversas les ha enseñado empatía y tolerancia. La exposición a distintas formas de vida les ha inspirado a tener un impacto positivo en el mundo, ya sea en misiones o en otras áreas.

Apoyo necesario

Para enfrentar los desafíos, es esencial proporcionarles apoyo, lo que no siempre es fácil de dar. Sentí que con mi hija menor no había manera de darlo por nuestra parte, sino que tuvo que ser el mismo Señor el que tenía que darlo. Entiendo que mi esposa podía acercarse más y dar un *espacio seguro,* donde ella podía expresar sus emociones y reflexionar sobre sus experiencias.

Comunidades de apoyo

Los TCK o grupos que entiendan su contexto único. Mi hija pequeña se "enamoró" en Suecia de una conferencia para los hijos de los misioneros (sus siglas son "MBT"). ¿Por qué? Todos allí venían del campo misionero, y compartían más o menos las mismas experiencias, y se podían *entender* muy bien. Algo que no experimentaba en el colegio nacional. Para ella fue una comunidad de apoyo muy importante.

Ellas ya son guías espirituales y emocionales para ayudar a otros (como a sus maridos) a integrar su identidad multicultural con su fe. Los hijos de misioneros poseen un potencial único *para ser ciudadanos del mundo,* con corazones abiertos y un profundo sentido de propósito, si reciben el apoyo adecuado para navegar sus experiencias y desafíos.

La educación de los hijos en campos de misión

La educación de los hijos en el campo misionero es uno de los aspectos más desafiantes y, al mismo tiempo, cruciales para las familias que viven en contextos de misión. Los padres misioneros deben considerar factores como la calidad de la educación, el contexto cultural, las oportunidades de socialización y el desarrollo espiritual de sus hijos. Aquí se necesita tener fe en que Dios os va dirigiendo como familia, y que hay un sitio para cada uno de vosotros. La adaptación tomará su tiempo, y la educación puede tener diferentes variantes. Para nosotros nunca fue un problema el vivir en España, donde la educación es buena. Se integraron en la educación nacional con todos los demás niños. Pero tú, que vas a ir a otras naciones, debes considerar estas ideas que pongo abajo.

Opciones de educación en el campo misionero

Escuelas locales

Permiten a los niños integrarse en la cultura del lugar y aprender el idioma local. Estando nosotros como familia en Europa fue normal ponerles en la educación nacional española.

Sin embargo, pueden presentar desafíos si el nivel educativo es diferente al del país de origen de la familia o si los valores enseñados no se alinean con los principios cristianos.

Educación en casa

Es una opción común para muchas familias misioneras, ya que permite a los padres supervisar directamente la formación académica y espiritual de sus hijos.

Requiere compromiso y tiempo por parte de los padres, así como acceso a recursos educativos adecuados.

Escuelas internacionales o cristianas

Ofrecen una educación de calidad y un ambiente multicultural que puede ser enriquecedor para los niños.

Estas escuelas pueden estar lejos de donde los misioneros sirven, lo que puede implicar largas distancias o incluso internados. Esto ocurre mayormente en culturas menos desarrolladas.

Programas en línea

Las plataformas de educación a distancia permiten acceder a currículos de calidad desde cualquier parte del mundo.

Requieren buena conexión a internet, que puede no estar disponible en áreas remotas.

Desafíos específicos

Adaptación cultural y lingüística
Si los niños asisten a escuelas locales, pueden enfrentar barreras de idioma y diferencias culturales.

La transición de un sistema educativo a otro, especialmente si regresan al país de origen, puede ser difícil.

Socialización
La falta de interacción con otros niños de su misma edad puede ser un problema, especialmente si la familia vive en un lugar aislado o practica la educación en la casa.

Es crucial encontrar oportunidades para que los niños formen amistades y desarrollen habilidades sociales.

Equilibrio entre misión y familia
Los padres pueden sentirse presionados por las demandas del ministerio y, al mismo tiempo, por la necesidad de brindar una educación adecuada a sus hijos.

Encontrar este equilibrio requiere priorización y una planificación cuidadosa. Creemos en la ayuda de Dios en medio de todo esto. Mis dos hijas, gracias a Dios, crecieron muy bien, y son las dos creyentes, siguiendo al Señor, con sus familias.

Preparación para el futuro
Los hijos de misioneros necesitan una educación que les prepare para ingresar a universidades o al mercado laboral en el país de origen o en un contexto internacional. Esto puede causar que un hijo vuelva a su país de origen, mientras el resto de la familia se queda en el campo de misiones.

Beneficios de educarse en el campo misionero

Perspectiva global
Los niños desarrollan una comprensión profunda de otras

culturas, lo que fomenta su empatía y capacidad para adaptarse a diferentes contextos.

Educación integral

La combinación de formación académica, experiencia cultural y enseñanza espiritual crea una base sólida para su desarrollo.

Fe vivencial

Los niños crecen viendo la fe en acción a través del trabajo de sus padres, lo que puede profundizar su propia relación con Dios y su sentido de propósito.

Recomendaciones para los padres misioneros

Planificación

Investigar las opciones educativas antes de partir al campo misionero y tener un plan de contingencia en caso de cambios. Otra cosa es visitar el campo misionero en plan explorativo, antes de ir definitivamente.

Apoyo comunitario

Conectarse con otras familias misioneras para intercambiar recursos y experiencias.

Enfoque integral

Priorizar tanto el desarrollo académico como el espiritual y emocional de los niños.

Preparación para transiciones

Ayudar a los niños a manejar las transiciones culturales y educativas, especialmente si regresan al país de origen.

La educación en el campo misionero no solo forma el intelecto de los niños, sino también su carácter y visión del mundo. Con el apoyo adecuado, esta experiencia puede ser una bendición que los prepare para ser ciudadanos del Reino y del mundo.

Lección 12:
Plantar la semilla

El sembrador

Repasemos la parábola del "sembrador" de Jesucristo

La parábola del sembrador, narrada en Mateo 13, Marcos 4 y Lucas 8, destaca la importancia de la Palabra de Dios y cómo es recibida por diferentes tipos de personas, representados por cuatro terrenos.

- **Semilla junto al camino:** Representa a quienes oyen la palabra, pero no la entienden, y el maligno se lleva lo sembrado en sus corazones.
- **Semilla en pedregales:** Son los que reciben la palabra con alegría, pero no tienen raíz. Ante dificultades o persecuciones, abandonan su fe.
- **Semilla entre espinos:** Refleja a quienes reciben la palabra, pero el afán del mundo y las riquezas la sofocan, haciéndola infructuosa.
- **Semilla en buena tierra:** Representa a quienes oyen, entienden y ponen en práctica la palabra, produciendo frutos abundantes: treinta, sesenta o hasta cien veces más.

Jesús concluye con la frase *"El que tiene oídos para oír, oiga"*, enfatizando la necesidad de reflexionar y actuar según el mensaje recibido. Esta parábola subraya que el fruto depende de la disposición del corazón al recibir la Palabra.

El personaje de esta parábola es un sembrador: *"He aquí, el sembrador salió a sembrar"* (Mt 13:3). Esto será el trabajo del misionero. Para tener una cosecha, el sembrador prepara primero el terreno y después lo siembra. La semilla es la

Palabra de Dios, y su calidad es buena. El misionero debe entender su llamado y estar preparado para tener diferentes respuestas a su siembra.

Jesucristo nos enseña para que podemos saber lo que es normal esperar de nuestra "siembra". Todo no sale igual en cada persona, sino que depende del corazón que cada individuo tiene.

¿Qué hacemos como misioneros?

Mi labor como misionero ha consistido en plantar iglesias y formar a pastores durante mis años en España. En algunos lugares pasé casi 15 años; en otros, 10 años, acompañado de toda mi familia. Posteriormente, atravesé una etapa en la que trabajé solo, pasando de 3 a 5 años en cada lugar, e incluso sirviendo en dos lugares simultáneamente.

Tu experiencia puede ser diferente, pero, en esencia, nuestra misión como misioneros es levantar iglesias, de una forma u otra.

El apóstol Pablo lo explica claramente en su carta a los Corintios:

> "Después de todo, ¿qué es Apolos? ¿Y qué es Pablo? Nada más que servidores por medio de los cuales ustedes llegaron a creer, según lo que el Señor asignó a cada uno. Yo sembré, Apolos regó, pero Dios ha dado el crecimiento. Así que no cuenta ni el que siembra ni el que riega, sino solo Dios, porque es quien hace crecer. El que siembra y el que riega están al mismo nivel, aunque cada uno será recompensado según su propio trabajo. En efecto, nosotros somos colaboradores al servicio de Dios; y ustedes son el campo de cultivo de Dios, son el edificio de Dios". (1 Co 3:5-9).

Cada siervo cumple su parte en la obra de Dios. Nosotros sembramos o trabajamos el terreno, pero es Dios quien da el crecimiento. Somos colaboradores de Él.

La importancia de la semilla: la Palabra de Dios

"Yo sembré, Apolos regó, pero Dios ha dado el crecimiento".

Somos siervos encargados de plantar la semilla de Dios, que es Su Palabra. A través de ella nace la fe, la cual nos salva y transforma. Como hemos leído en el texto anterior, Pablo y Apolos son llamados "servidores": *"Nada más que servidores por medio de los cuales ustedes llegaron a creer"* (v.5).

5 características de un siervo de Dios según la Biblia

1. Se niega a sí mismo.
2. Es humilde.
3. Está siempre dispuesto a servir *(cf.* Lc 9:57-62).
4. Avanza la milla extra *(cf.* Mt 5:41).
5. No limita su servicio a Dios.

En el contexto bíblico, la palabra **"siervo"** va más allá de una simple relación laboral. La Biblia fue escrita en un tiempo y cultura muy diferentes, y los conceptos pueden tener significados distintos a los actuales.

Por ejemplo, en el Antiguo Testamento, el término hebreo *'ebed'* puede referirse a un siervo doméstico, pero también se utiliza para describir a personas en posiciones de confianza y responsabilidad, como los siervos de un rey, quienes eran sus administradores y oficiales (un ejemplo es José en la casa del faraón).

En el Nuevo Testamento, el término griego *"doulos"* se traduce como "esclavo" o "siervo". Sin embargo, este concepto en términos bíblicos implica alguien que ha renunciado a su propia voluntad para cumplir la voluntad de Dios.

En este sentido, ser un siervo de Dios implica una relación de dependencia, obediencia y lealtad hacia Él. Los profetas, por ejemplo, se describen como "siervos de Dios", porque dedicaron su vida a hacer Su voluntad y transmitir Su mensaje. Podemos decir que fueron siervos de la Palabra de Dios.

Jesús mismo es el siervo por excelencia, el modelo que todos los creyentes deben seguir:

> "Haya, pues, en ustedes este sentir que hubo también en Cristo Jesús, quien, siendo en forma de Dios, no estimó el ser igual a Dios como cosa a qué aferrarse, sino que se despojó a sí mismo, tomando forma de siervo". (Flp 2:1-11)

En conclusión, ser siervo en el sentido bíblico significa servir a Dios y a los demás con humildad, amor y obediencia, siguiendo el ejemplo de Cristo, y compartiendo la Palabra de Dios.

Lección 13:
¿Servir en tiempos de abundancia y en escasez?

"Cuando te vengan buenos tiempos, disfrútalos; pero cuando te lleguen los malos, piensa que unos y otros son obra de Dios, y que nadie sabe con qué habrá de encontrarse después... No seas demasiado justo, tampoco demasiado sabio. ¿Para qué destruirte a ti mismo? No seas demasiado malo ni te portes como un necio. ¿Para qué morir antes de tiempo?" (Ecl 7:14, 16-17).

La idea de servir a Dios tanto en la abundancia como en la escasez, es un tema recurrente en las cartas del apóstol Pablo. Este concepto refleja una vida de fe profunda, gratitud y compromiso, independientemente de las circunstancias externas.

Pablo aborda este tema principalmente en su carta a los Filipenses:

"Sé lo que es vivir en la pobreza, y lo que es vivir en la abundancia. He aprendido a vivir en todas y cada una de las circunstancias, tanto a quedar saciado como a pasar hambre, a tener de sobra como a sufrir escasez. Todo lo puedo en Cristo que me fortalece" (Flp 4:12-13).

1. Servir en la abundancia

Cuando hablamos de servir a Dios en la abundancia, nos referimos a esos momentos en los que los recursos materiales, emocionales o espirituales son más que suficientes. Pablo no ve esta situación como una oportunidad para relajarse o volverse complaciente, sino como una ocasión para multiplicar el servicio y ser generosos con los demás:

- **Ejemplo de generosidad:** Pablo anima a los creyentes a ser generosos con sus recursos. En 2 Corintios 8:14-15 escribe sobre la igualdad en la iglesia, donde aquellos que tienen en abundancia deben compartir con los que están en necesidad.
- **Agradecimiento:** En Filipenses 4:18-19, Pablo agradece a los filipenses por sus ofrendas, reconociendo que Dios recompensa la generosidad y suple todas las necesidades según sus riquezas en gloria.

La abundancia es una prueba de fidelidad, pues demuestra si somos capaces de usar lo que tenemos para honrar a Dios y servir a otros, en lugar de aferrarnos a los bienes materiales.

2. Servir en la escasez

Por otro lado, servir a Dios en la escasez es una muestra de fe, perseverancia y confianza. Pablo sabía lo que era sufrir persecuciones, hambre y desnudez, y aun así nunca dejó de cumplir su llamado.

- **Confianza en Dios:** En 2 Corintios 12:9-10, Pablo menciona que Dios le dijo: *"Mi gracia es suficiente para ti, porque mi poder se perfecciona en la debilidad"*. Esto refleja que incluso en las circunstancias más difíciles, Dios provee fortaleza.
- **Contentamiento:** Pablo aprendió a estar contento en cualquier situación, no porque las circunstancias fueran ideales, sino porque su satisfacción estaba en Cristo y no en lo material (1 Ti 6:6-8).

La escasez también puede ser una prueba de fidelidad: ¿seguiremos sirviendo a Dios con alegría y confianza, o permitiremos que nuestras necesidades nos desanimen?

3. La clave: Cristo como fortaleza

El versículo clave dice: *"Todo lo puedo en Cristo que me*

fortalece". No es un llamado a una autosuficiencia ilimitada, sino una declaración de dependencia absoluta de Cristo. Pablo enseña que su capacidad para soportar tanto la abundancia como la escasez proviene de su relación con Jesús.

4. Aplicación práctica

- **En abundancia:** Podemos dedicar nuestro tiempo, recursos y energía a la obra de Dios, ayudando a quienes lo necesitan y extendiendo el evangelio.
- **En escasez:** Podemos confiar en que Dios está obrando en nuestras vidas, usar nuestras pruebas como un testimonio de fe y depender de Su gracia para perseverar.

En ambas situaciones, el llamado es el mismo: mantenernos fieles a Dios, sabiendo que Él es quien sostiene nuestras vidas. Pablo nos recuerda que las circunstancias son temporales, pero el propósito de servir a Dios es eterno.

Testimonio

He servido Dios en España durante 49 años (hasta el momento de escribir este libro), y he dependido totalmente a su apoyo. Él me llamó e hice el acuerdo con él, que le serviría mientras que me mantenía aquí. Nunca me ha faltado, pero hay tiempos de abundancia y tiempos de escasez. Pero jamás he sentido ningún abandono por parte de Dios, sino siempre me he sentido protegido y ayudado por él.

Digo gracias a Dios, porque me ha dejado pasar por momentos de escasez, aunque muy pocas veces. En estos momentos he podido ver auténticos milagros de Dios que me ha afirmado en mi llamado.

Nuestro ejemplo es Jesucristo, que antes de salir en el ministerio, el Espíritu Santo le llevó al desierto, para ser tentado por el diablo (*cf.* Mt 3; Lc 4). Dice que entró lleno del Espíritu al desierto, y salió en el poder del Espíritu. Las pruebas hacen algo en nuestro ser.

Génesis 22 dice que Dios **probó** a Abraham. Pidió que sacrificara a su unigénito hijo en las montañas de Moriah, donde más adelante Dios sacrificó su Hijo Jesucristo.

Las pruebas son buenas, y al final será motivo de gozo:

> "Hermanos míos, considérense muy dichosos cuando tengan que enfrentarse con diversas pruebas, pues ya saben que la prueba de su fe produce perseverancia" (Stg 1:2-3).

Algunas traducciones dicen "dichosos"; otras, "bienaventurados". Pero en todo caso significa que somos bendecidos grandemente a través las pruebas de Dios. Nunca somos desalentados en ellas, sino afirmados y fortalecidos en el Señor.

Por lo tanto, mi ministerio no depende de los recursos económicos, aunque son necesarios. Mi ministerio depende principalmente de mi relación con Dios.

Lección 14:
La importancia de la comunidad

Relaciones con otros misioneros, la iglesia local y la comunidad de envío

La importancia de la comunidad en el ministerio misionero tiene un respaldo sólido en la vida del apóstol Pablo. Su ejemplo resalta cómo la comunidad es esencial tanto para el crecimiento personal como para la efectividad del ministerio. En fin, somos "un cuerpo".

1. Pablo y su comunidad: Un ejemplo para los misioneros

El apóstol Pablo nunca trabajó solo en su ministerio. A lo largo del Nuevo Testamento, vemos cómo valoraba profundamente a su comunidad y construía relaciones intencionales con compañeros de ministerio, iglesias locales y colaboradores en la misión.

- **Compañeros de trabajo**: Pablo formó equipos para sus viajes misioneros. Ejemplos claros incluyen a **Bernabé** (*cf.* Hch 13:2-3), **Silas** (*cf.* Hch 15:40) y **Timoteo** (*cf.* Hch 16:1-3). Estos compañeros no solo lo apoyaban en el ministerio, sino que también compartían el peso de las responsabilidades.

- **Relaciones con iglesias locales**: Las epístolas de Pablo muestran cómo mantenía contacto constante con las iglesias que fundaba o visitaba. Escribía para animarlas, corregirlas y fortalecerlas espiritualmente (*cf.* 1 Tes 2:8; Flp 1:3-5; cartas a los Corintios).

- **Red de apoyo**: Pablo menciona con frecuencia a personas que lo asistieron, como Priscila y Aquila (*cf.* Ro 16:3-5) y Epafrodito (*cf.* Flp 2:25). Esto demuestra cómo dependía de una comunidad activa para sostener su labor.

- Donde he trabajado siempre he tenido compañeros de trabajo conmigo. Últimamente he colaborado con las personas que se van a hacer responsables para las nuevas obras que levantamos, pero al mismo tiempo tenemos buenas relaciones con otras iglesias locales en nuestro entorno. Sin esto creo que mi ministerio en España no funcionaría tan bien como lo hace ahora. Doy gracias a Dios por todos los contactos que me ha dado durante estos años.

2. Beneficios de la comunidad en el ministerio

- Apoyo emocional y espiritual: En momentos de dificultad, Pablo se apoyó en su comunidad. Por ejemplo, en 2 Corintios 7:6-7 se menciona cómo la llegada de Tito lo consoló en medio de la angustia.

- Colaboración en el ministerio: Pablo delegaba tareas en sus colaboradores, como por ejemplo al enviar a Timoteo o Tito a iglesias específicas (*cf.* 1 Ti 1:3; Tit 1:5). Esto muestra cómo la misión se multiplica a través de la cooperación. La misión de Timoteo y Tito fue de organizar un liderazgo en cada iglesia. Son misiones con cierto peso.

- Oración colectiva: Pablo pedía constantemente oraciones de las iglesias (*cf.* Ef 6:19-20; Col 4:2-3), reconociendo que el poder espiritual proviene de Dios y se fortalece en la unidad de los creyentes.

- Una iglesia local necesita diferentes ministerios. Si estamos solos, la iglesia sufrirá, porque necesita variedad de ministerios. Si hay épocas en que uno está solo, puede invitar a hermanos ministros, que nos ayuden a fortalecer la iglesia. En Efesios 4 habla de diversidad en el ministerio.

3. Lecciones para el misionero moderno

- Evitar el aislamiento: El ministerio puede ser solitario si no se busca intencionalmente una comunidad de apoyo. En momentos especiales, especialmente cuando uno comienza una nueva obra, he sentido esta necesidad de buscar el contacto con otros.

- Relaciones mutuas, no unilaterales: No se trata solamente de dar, sino también de recibir apoyo. Esto nos anima a abrirnos a recibir ayuda y oración de otros.

- Invertir en discipulado: Así como Pablo invirtió en Timoteo, el misionero debe invertir su tiempo en formar líderes y discipular.

La vida de Pablo es un modelo poderoso de cómo la comunidad fortalece el ministerio misionero. Si el amor de Dios nos obliga (*cf.* 2 Co 5:14), la comunidad nos sostiene y nos impulsa en la misión. Esta lección ayuda especialmente en contextos donde el misionero puede sentirse solo, rechazado o desanimado.

El papel de la rendición de cuentas y el apoyo mutuo en la vida misionera.

Un misionero es "enviado", y normalmente "apoyado" de muchas formas por los que le envían. Esto hace que deba dar cuenta de su trabajo.

1. La importancia de la rendición de cuentas

La rendición de cuentas implica ser transparente y responsable ante otras personas en áreas clave de la vida: espiritual, emocional, relacional y ministerialmente.

Estar bajo autoridad tiene como base estar bajo *"protección espiritual"*. La rendición de cuentas ayuda a prevenir el aislamiento, el pecado y el desgaste espiritual. Proverbios 27:17 dice: *"El hierro se afila con el hierro, y el hombre en el trato con el hombre"*. Esta interacción permite corregir, alentar y guiar a otros en su caminar con Dios.

Esto debe fortalecer mi carácter, no intimidarme. El hecho de permitir que otros examinen mi vida fomenta la humildad y el crecimiento personal. Esto es crucial para evitar caer en el orgullo o en decisiones impulsivas. Me hace examinar mis motivaciones, y así desarrollarme como siervo de Dios.

Ser responsable ante líderes o colaboradores asegura una gestión adecuada de los recursos, tiempo y relaciones. 2 Corintios 8:21 destaca la importancia de actuar con integridad:

"Procuramos hacer las cosas bien, no solo delante del Señor, sino también delante de los hombres".

2. La importancia del apoyo mutuo

El apoyo mutuo en el ministerio misionero va más allá de la amistad; es una relación de compañerismo en el propósito de glorificar a Dios. Somos muchas personas en el campo de misiones, y no encajamos con todos, pero por encima de todo está el ministerio del Señor. Por ello, podemos hablar de una *carga compartida,* Gálatas 6:2 nos llama a llevar las cargas unos de otros. Esto incluye no solo aspectos prácticos, como compartir responsabilidades ministeriales, sino también orar y acompañarse en tiempos difíciles.

La soledad y el desánimo son comunes en el campo misionero. Hebreos 10:24-25 nos exhorta a *"animarnos unos a otros y no dejar de congregarnos"*. La comunidad provee un espacio seguro para recibir ánimo y apoyo emocional. Cada año he tenido diferentes salidas, algunas veces a mi país con mis familia e iglesias allí. Otro evento es el Congreso anual de ADE. Son momentos de ánimo.

Trabajar en equipo permite tomar decisiones más sabias y ejecutar mejor los proyectos. Doy muchas gracias por todas las personas que Dios ha puesto a mi lado durante todos los años de servicio en España. Como dijo Salomón en Eclesiastés 4:9-12: *"Mejores son dos que uno, porque tienen mejor paga de su trabajo"*.

3. Ejemplos bíblicos de rendición de cuentas y apoyo mutuo

- **Jesús y los discípulos**: Aunque era el líder, Jesús interactuaba con sus discípulos en relaciones cercanas y transparentes. También se retiraba a orar con ellos en momentos cruciales (*cf.* Mt 26:36-38).

- Pablo y sus colaboradores: Pablo mantenía una red de relaciones responsables. En sus cartas, reportaba sobre su ministerio y pedía oración específica (*cf.* 1 Co 16:9; Flp 1:19).

4. Cómo *practicar* la rendición de cuentas y el apoyo mutuo en el campo misionero

- Tener mentores: Relacionarse con líderes maduros que puedan guiar y corregir es fundamental para el crecimiento continuo. Hasta Moisés recibió consejos de su suegro Jetro, para formar el liderazgo en Israel (Éx 18).

- En Asambleas de Dios en España tenemos "fraternidades". Nos reunimos varias veces al año para gestionar cosas juntos en nuestro trabajo como iglesias, pero también para mantener la comunión entre los ministros. Esto es un gran apoyo para crecer en el ministerio, y es importante asistir. *Nosotros mismos* tenemos que colaborar para poder sacar "el jugo" necesario para nuestro desarrollo.

- Ser intencional con la comunicación. Con las herramientas digitales, es posible mantener contacto regular con iglesias de envío o amigos espirituales. Si estamos lejos de nuestro país, que es normal en el ministerio misionero, podemos mantenernos en contacto con las iglesias por medio de redes sociales. Podemos utilizar Zoom o YouTube para hacer reuniones cara a cara para hablar y relacionarnos.

- Orar juntos. Establecer tiempos de oración grupal fortalece los lazos y enfoca a todos en la misión. En nuestra fraternidad, FRALEMA, tenemos cada mes un encuentro para orar juntos por internet.

5. Beneficios de implementar estos principios

Es fácil cegarse en su propia opinión, o en la propia casa. Hay que salir y ver otras perspectivas, para poder juzgar su propia manera de trabajar. A mí me ha sido una ayuda de estar en dos obrar a la vez. De no encerrarme en un sitio, sino estar en dos lugares a la vez, y con dos colaboradores distintos.

Esto me ha impedido caer en una cerrazón de mi mente, y abrir mi mente y visión. Esto me ha dado mayor claridad en la misión. La retroalimentación ayuda a mantener una perspectiva equilibrada sobre el trabajo.

He sido prevenido contra el agotamiento. Al compartir cargas y ser responsables mutuamente, el estrés disminuye. Todo no depende de mí desde que estoy jubilado. Al contrario, mis colaboradores saben que al final son ellos quienes tienen que encargarse de todo. Esto me da descanso en el trabajo.

Estamos bajo el lema *de rendir cuentas.* Quiero decir que esto no es un signo de debilidad, sino de sabiduría y obediencia al diseño de Dios para la vida cristiana. Al integrar estas prácticas en la vida misionera, se fomenta un ministerio más fuerte, saludable y lleno de gracia. Personalmente deseo volver a mi tierra y contar a mis sustentadores lo que Dios hace en el campo misionero. Si no quieren saberlo, me siento desanimado. Pero si quieren saber esto, me anima a seguir adelante en el ministerio. Por eso el rendir cuentas es parte del desarrollo del ministerio para que vaya adelante.

Lección 15:
Sostenibilidad y descanso

La soledad y la frustración

La sostenibilidad y el descanso son cruciales en la vida misionera. El ministerio puede ser demandante y, sin prácticas saludables, los misioneros corren el riesgo de agotamiento espiritual, emocional y físico. Aquí tienes una reflexión sobre estos puntos.

Evitar el agotamiento espiritual, emocional y físico

El agotamiento (también conocido como *"burnout"*) ocurre cuando los misioneros enfrentan largas temporadas de estrés, sobrecarga de trabajo y falta de cuidado personal.

Causas comunes del agotamiento en el ministerio

1. Falta de *límites* saludables. La presión de "darlo todo" en el ministerio puede llevar a ignorar necesidades personales. Somos personas con limites, que debemos descubrir y saber someternos a ellos. Jesucristo dice que tenemos que amar a nuestro prójimo como a nosotros mismos. Entonces primero tenemos que amarnos a nosotros mismos, y saber vivir en orden. De otra forma no podemos amar a los demás. Debemos tener una perspectiva correcta sobre el tema de "amar", y los límites que esto nos impone.

2. Expectativas demasiado altas. Tanto internas como externas. Estas pueden generar frustración si los resultados no son inmediatos. Hemos mencionado antes como es necesario *la perseverancia* en el trabajo, y para poder hacerlo, debemos encontrar formas para "perseverar" en una manera "contenta". Nuestra visión debe ser la visión de Dios. Falsas visiones o expectativas nos llevan a la derrota. La carne destruye, pero el Espíritu edifica; y el Señor nos llama a andar en Espíritu (*cf.* Ga 5; Ro 8). Si nuestra mirada está en Dios, y no en "el fruto", vamos a ir bien. El fruto viene a su tiempo. El bambú puede tardar 5-6 años en dar su fruto, y cuando viene, crece 20 metros de altura en tres meses. Durante años no se ve sobre la tierra porque es bajo tierra que hace raíces durante los 5-6 años.

3. Soledad o aislamiento: Estar lejos de la familia, amigos y cultura puede intensificar el estrés. Intenta mantenerte en contacto con los tuyos. La falta de comunicación no es buena, por eso busca poder ventilar tus preguntas y preocupaciones con alguien. De otra forma esto puede causar conflictos internos innecesarios, por falta de conocimiento y apoyo logístico. Esta carga es totalmente innecesaria. Si por razones no puedes obtener estos contactos, puedes orar y clamar a Dios en tu soledad. Él puede suplir lo que te falta en este momento.

4. Confrontación constante con desafíos espirituales. La lucha espiritual y las dificultades del campo pueden desgastar a los misioneros. Debemos saber y ver que nuestra cabeza es Cristo Jesús. Él es el victorioso, y yo debo andar con Él y en el ritmo de Él. Entonces encuentro "reposo" en mi alma. Vamos a conocer más a fondo el ejemplo de Elías.

Un ejemplo bíblico del agotamiento es Elías, y en su historia encontramos una muestra de cómo Dios lo trató.

La historia se encuentra en 1 Reyes 19.

Elías había pasado tres años en constante confrontación con el rey Acab y la reina Jezabel debido a la idolatría en Israel. Durante ese tiempo, no llovió en la región. En el monte Carmelo, desafió a los falsos profetas de Baal y Astarté (estos últimos no se presentaron). El reto consistía en que el Dios que respondiera con fuego sobre la ofrenda del altar sería reconocido como el verdadero Dios de Israel. Dios respondió a Elías, pero no a los profetas de Baal. Tras esto, los falsos profetas fueron ejecutados y el pueblo reconoció nuevamente al Señor como su Dios.

Después de esta victoria, Elías subió al monte y oró para que Dios enviara lluvia. Finalmente, la lluvia llegó.

Sin embargo, todos esos años de lucha, sumados a la soledad que sentía como único profeta de Dios en Israel (el reino del norte, con Samaria como capital, gobernado por el apóstata rey Acab, casado con Jezabel, una reina fenicia opuesta a la fe en el Señor), habían agotado sus fuerzas. Aunque la victoria en el monte Carmelo le dio un impulso en su ministerio, no fue suficiente para aliviar su desgaste.

En el capítulo 19, vemos cómo Jezabel lo amenaza de muerte, del mismo modo en que él había hecho con los falsos profetas de Baal. Esta amenaza fue la gota que colmó el vaso; Elías ya no podía soportar más. Desesperado, huyó al desierto, se quejó ante Dios y deseó morir.

Entonces, ¿cómo trató Dios a Elías?

En 1 Reyes 19, leemos cómo el profeta, completamente agotado, huye al desierto:

"Se sentó a su sombra con ganas de morirse. «¡Estoy harto, SEÑOR! —protestó—. Quítame la vida, pues no soy mejor que mis antepasados». Luego se acostó debajo del arbusto y se quedó dormido" (1 Re 19:4-5).

Dios no ignoró su agotamiento, sino que, en su compasión, actuó:

"De repente, un ángel lo tocó y le dijo: «Levántate y come». Elías miró a su alrededor y vio a su cabecera un panecillo cocido sobre brasas y un jarro de agua. Comió, bebió y volvió a acostarse". (1 Re 19:6).

En este relato, vemos que en medio del agotamiento es necesario **comer bien y descansar bien**. El ángel no pronunció palabras especiales, ni hizo algo sobrenatural. Simplemente le dio comida y le dejó dormir, porque esto necesitaba su cuerpo humano.

A veces, este es el tratamiento más sabio y adecuado: cuidar de nuestro cuerpo con una buena alimentación y descanso. Aunque parezca un consejo simple, este cuidado viene de Dios.

El texto continúa:

> "El ángel del SEÑOR regresó y, tocándolo, le dijo: «Levántate y come, porque te espera un largo viaje». Elías se levantó, comió y bebió. Una vez fortalecido por aquella comida, viajó cuarenta días y cuarenta noches hasta que llegó a Horeb, el monte de Dios. Allí pasó la noche en una cueva." (1 Re 19:7-9).

Cuidado del cuerpo

Elías, en su desesperación, deseaba morir. Sin embargo, Dios respondió a su necesidad física: le permitió dormir y le proveyó una buena comida. Es importante reconocer que nuestro cuerpo necesita atención y cuidado. Elías había pasado por un desgaste físico intenso, porque acababa de correr delante del carro de Acab unos 45 km, y ese agotamiento lo había afectado profundamente. Saber cuidar nuestro cuerpo y escuchar sus necesidades es esencial para seguir adelante.

Propósito de vida

Además del cuidado físico, también es fundamental tener una misión clara en la vida. Elías, agotado y desanimado, parecía haber perdido su visión y propósito, lo que le llevó a la desesperación. Por eso, Dios le recordó que aún tenía una misión por cumplir: *"Levántate y come, porque te espera un largo viaje"*.

Durante 40 días, Elías caminó por el desierto, permitiendo que su psique sanara en la compañía de Dios en el camino. Es importante recordar que nuestro interior también necesita descanso "a su tiempo". Estos 40 días fueron un período de descanso psicológico y espiritual necesario. Su alma necesitaba saber que Dios tenía más trabajo para él. También que los caminos de Dios no son nuestros caminos. El desarrollo de las cosas en el país de Israel igual no era como Elías se lo había pensado, pero aún estaba bajo el control de Dios. Era necesario que lo entendiera.

Encuentro con Dios y misión renovada

Dios dirigió a Elías al monte de Horeb, donde tuvo un encuentro transformador con Dios. Esto fue el lugar donde Moisés había pastoreado las ovejas y visto la visión de la zarza ardiente, y fue allí donde Dios llevo el pueblo de Israel a un encuentro consigo mismo.

Fue en ese lugar que Dios le dio a Elías tres grandes misiones para cumplir en el resto de su ministerio: cambiar el gobierno de Siria y de Israel, y ungir a Eliseo en su lugar. Una de estas misiones se realizó posteriormente a través de Eliseo. El ministerio de Eliseo se cuenta como una extensión del ministerio de Elías. Fue el que cambio el gobierno de Israel.

Este episodio nos enseña que el ministerio no es "nuestro", sino del Señor. Dios administra Su obra como Él quiere y, en ocasiones, nos cambia de lugar o nos prepara para delegar ciertas tareas. La tarea de cambiar gobiernos y el rumbo de las naciones puede ser demasiado grande para un solo hombre, y puede requerir varias personas y tiempos más largos de lo que pensamos.

Reflexión final

Debemos entender que la obra en la que trabajamos no nos pertenece, sino que es del Señor. Así como Dios guio y fortaleció a Elías en medio de su agotamiento, también nos recuerda que nuestra vida y misión están en Sus manos. Si Él nos llama, también nos equipa y nos da el descanso necesario para continuar.

Consejos que podemos aprender del trato de Dios con Elías para evitar el agotamiento

1. Practicar un equilibrio entre trabajo y descanso. No vamos a "espiritualizar" demasiado las cosas. Dios es práctico y debemos dedicar tiempo diario y semanal al descanso y de comer bien. Es importante pasar tiempos tranquilos con Dios, fortaleciendo nuestra relación con Él. Esto es la idea del "día de reposo". ¿Tú sabes descansar *con Dios*?

2. No permitir que la adversidad nos robe la visión de Dios. Elías, en su momento de crisis, perdió de vista a Dios y deseó la muerte. Perdió el equilibrio espiritual temporalmente. Sin embargo, la compasión de Dios lo restauró, y todo sirvió para fortalecer su ministerio. Aprende a confiar en que Dios puede usar los momentos difíciles para bien.

3. Cuidar la salud física. Mantén una alimentación saludable, realiza ejercicio regularmente y asegúrate de dormir lo suficiente. Un cuerpo cuidado es esencial para enfrentar los desafíos del ministerio o la vida diaria. Yo personalmente suelo salir y andar unos cuatro kilómetros todas las mañanas, en compañía de Dios, y hacer mis oraciones en esta caminata con él.

4. Buscar descanso y apoyo emocional. Rodéate de mentores, amigos o consejeros con quienes puedas compartir tus luchas, éxitos y desafíos. Tener personas de confianza con quienes hablar es clave para mantener la estabilidad emocional. Tenemos que cuidar nuestra psique, y tener control de nuestra mente y nuestras emociones.

5. Renovar el espíritu. Aparta tiempos específicos para la comunión con Dios, la meditación en Su Palabra y la oración personal. En el monte Horeb, Elías tuvo un encuentro transformador con Dios que renovó su propósito. Recibió grandes misiones, como influir en cambios de gobierno y preparar a un sucesor en el ministerio.

6. Reconocer tus límites. Aprende a identificar cuándo es necesario delegar responsabilidades o pedir ayuda. No necesitas hacerlo todo solo. Confía en que otros pueden contribuir al trabajo, ya que la obra es del Señor y no exclusivamente es "tuya".

Creo que estos consejos, inspirados en el trato de Dios con Elías, nos enseñan que el cuidado integral del cuerpo, la mente y el espíritu es vital para evitar el agotamiento y mantenernos enfocados en nuestro propósito.

La importancia del día del descanso

El descanso sabático no fue solo una sugerencia para Israel sino que para ellos fue un mandato bíblico y un principio de sostenibilidad que honra a Dios. Es verdad que como gentiles no estamos en el pacto sinaítico y del *"sabbat"*, sino en el pacto de Noé. Por eso este mandamiento no viene sobre nosotros, pero el principio del reposo es igualmente necesario para nosotros. Como ministros servimos normalmente los domingos y debemos separar otro día para el descanso.

El descanso sabático para los judíos en la Biblia

- **Dios dio el ejemplo**: En Génesis 2:2-3, Dios descansó el séptimo día, no porque estuviera cansado, sino para establecer un patrón de descanso.
- **Jesús practicó el descanso**: Jesús se apartaba regularmente para orar y descansar, incluso en medio de su ministerio (*cf.* Lc 5:16; Mr 6:31).
- **El descanso es una bendición**: En Éxodo 20:8-11, el mandamiento del *"sabbat"* refleja el amor de Dios por su pueblo Israel, proveyendo un tiempo para renovar el cuerpo y el espíritu.

El valor del día de descanso para los misioneros

Renueva tu relación con Dios. Apartar tiempo para enfocarse en Dios revitaliza el espíritu y restaura la pasión por el ministerio. Hacer un stop para concentrarse en Dios y estar con Él es necesario para poder servirle. De otra forma no cumples tu contrato con Dios. Un descanso regular permite recuperarse del estrés acumulado y regresar con energía. Debes tomar en serio las señales de agotamiento. Además, debes dedicar tiempo para reconectar con la familia y amigos, fortaleciendo los vínculos. Esto es tu responsabilidad como siervo y dirigente espiritual.

Cómo implementar el descanso sabático y el autocuidado

1. Planifica tiempos de descanso intencionales. Dios programó un año festivo para Israel: pascua, pentecostés, fiesta de los tabernáculos etc. Allí tienes tres semanas puestas por Dios para el pueblo de Israel. Dios lo planificó para ellos. ¿Cómo has programado tú la vida del año? Tienes días libres, temporadas de vacaciones y pausas prolongadas para visitar tu país y familia.

Creo que Dios está presente de una manera especial en su naturaleza. El tiempo al aire libre fomenta la salud mental y física. Esta presencia en su creación se llega a sentir y te va a renovar.

2. Invierte en tu salud espiritual: Participa en retiros espirituales o recibir mentoría personal que pueda reavivar la visión y la pasión. Un estilo de vida equilibrado ayuda a mantener la energía y la claridad. Somos espíritu, alma y cuerpo, y debemos mirar la totalidad de nuestro ser. La atención a nuestro ser debe ser diversificada.

Sostenibilidad en el ministerio: una perspectiva integral

La sostenibilidad en el ministerio implica mantener un equilíbrio a largo plazo en todas las áreas de la vida:

- **Espiritual**: Crecimiento constante en Cristo a través

de disciplinas espirituales. Nunca dejamos de crecer y desarrollarnos en el ministerio. Debemos planificarlo durante el año, y dar tiempo a Dios.

- **Emocional**: Manejar el estrés y cuidar las emociones para evitar el desgaste. Hay que aprender a decir "no" cuando sea necesario.
- **Físico**: Mantener la salud mediante el descanso, ejercicio y nutrición. Yo siempre suelo salir a andar cada mañana, y lo hago "con el Señor" y dedico este tiempo a la oración. Aprovecho el andar por su naturaleza como un momento de hablar con Él.
- **Relacional**: Cultivar amistades, matrimonio y familia, reconociendo que estas relaciones son parte integral del ministerio y vienen de Dios. En las iglesias somos familias, y en una forma normal debemos relacionarnos.

Reflexión práctica

En Mateo 11:28-30 leemos:

"Vengan a mí todos ustedes que están cansados y agobiados; yo les daré descanso. Carguen con mi yugo y aprendan de mí, pues yo soy apacible y humilde de corazón, y encontrarán descanso para sus almas. Porque mi yugo es suave y mi carga es liviana".

Jesús invita a los cansados a encontrar descanso en Él. Esto no es solo un descanso físico, sino un descanso espiritual profundo que viene por confiar en Dios. El descanso y el autocuidado no son un lujo, ni una muestra de debilidad; son herramientas necesarias para la perseverancia en el ministerio.

Lección 16:
El uso de los recursos modernos

Cómo usar tecnología, redes sociales y herramientas digitales para el ministerio es algo que cada misionero de hoy debe aprender. Seguramente hay cursos que puedes pasar si no eres experto en ello. La tecnología, cuando se usa sabiamente, puede ser una herramienta poderosa en el ministerio misionero. Sin embargo, debe ser *un medio*, no el fin, para avanzar en la misión. El libro que tienes en tus manos es un ejemplo, como he podido utilizar la inteligencia artificial para corregir mis textos. Estoy aprendiendo a utilizarlo en estos días y me ha ahorrado mucho tiempo en la redacción.

Estas herramientas ofrecen grandes oportunidades, pero también presentan desafíos y riesgos que deben ser manejados con sabiduría para no comprometer la misión. Aquí tienes una guía sobre cómo utilizarlas de manera efectiva y responsable.

1. Beneficios de la tecnología en el ministerio

- Ampliación del alcance: Las redes sociales y los medios digitales permiten compartir el mensaje del evangelio con personas que de otra manera no serían alcanzadas, especialmente en regiones de difícil acceso. Por lo menos, con las personas conectadas a las redes.

- Conexión con la iglesia de envío: Plataformas como Zoom, WhatsApp, YouTube o email facilitan la comunicación regular con iglesias, donantes y amigos que apoyan el ministerio.

- Recursos educativos: La tecnología ofrece acceso a materiales de discipulado, sermones, estudios bíblicos y cursos en línea que pueden ser útiles tanto para el misionero como para los creyentes locales. Nuestra Facultad de

Teología lo utiliza como varios departamentos dentro de ADE.

- **Automatización y organización**: Distintas herramientas nos ayudan a organizar proyectos, coordinar equipos y optimizar el tiempo. En mi móvil tengo mi agenda diaria que me ayuda a mantener mi vida en orden, y no olvidar mis citas.

2. Riesgos y desafíos del uso de la tecnología

- **Distracciones**: El tiempo en redes sociales *puede robar* la atención del ministerio, distrayendo de las prioridades principales. Aquí se trata de tener autodisciplina.
- **Seguridad**: En países donde el cristianismo es restringido, el uso inapropiado de tecnología puede poner en peligro al misionero o a los creyentes locales. Hay que saber tener cuidado en el trato con estos medios.
- **Dependencia excesiva**: La tecnología no debe reemplazar la interacción humana ni el ministerio en persona. No podemos confiar demasiado en su efectividad en la vida.
- **Contenido inapropiado**: El acceso a la tecnología puede exponer tanto al misionero como a los miembros de la comunidad a contenido dañino o inmoral. Hay peligro de tentaciones, como pornografía y sexo, y otras distracciones como juegos online que puede apartar a un cristiano de su camino con el Señor.

Existe también lo que en inglés llaman *"fake news"*, o falsas noticias, que quieren engañar. Por eso hay que saber discernir lo que uno recibe. Además, existe el peligro de amenazas externas, como ataques de *hackeo* en internet, que pueden alterar y distorsionar los mensajes.

3. Principios para usar tecnología y redes sociales sin comprometer la misión

Definir propósitos claros

Antes de usar cualquier herramienta tecnológica o red social, pregunta:

- ¿Cómo esto contribuye a mi misión?
- ¿Edifica a otros, y glorifica a Dios?
- ¿Estoy utilizando mi tiempo de manera efectiva?

Priorizar la seguridad digital

Usa aplicaciones y servicios cifrados cuando es necesario. Evita compartir información delicada (como nombres de creyentes o ubicaciones exactas) en plataformas públicas. Tampoco poner fotos que pueden comprometer a las personas. Cambia contraseñas regularmente y usa autenticación de dos factores.

Mantener un enfoque centrado en Cristo

Publica contenido que refleje tu fe y valores. Usa la tecnología como una herramienta para fomentar relaciones y discipular, no solo para difundir información.

Fomentar la interacción personal

No permitas que las redes sociales reemplacen las conexiones cara a cara. Las relaciones humanas son fundamentales en el ministerio. Tampoco creas que los demás entran mucho para ver lo que has escrito. Muchos mayores ni son familiarizados con las redes y quizás nunca entran a ver nada.

Usar plataformas adecuadas al contexto

Evalúa qué redes sociales son populares y culturalmente aceptadas en tu área de trabajo. Por ejemplo, en algunos lugares, WhatsApp o Telegram son más efectivos que Facebook o Instagram. En nuestra iglesia local usamos WhatsApp para dar información rápida de nuestra comunidad.

Sé sensible a las normas culturales y religiosas de la región para evitar malentendidos o conflictos.

4. Ejemplos prácticos de tecnología en el ministerio

- **Evangelismo digital**: Si tienes el don de trabajar con las redes, hazlo. Pero tampoco debes tener demasiada fe en su alcance.
- **Discipulado en línea**: Usa plataformas para estudios bíblicos, o tener reuniones virtuales para discipular a personas en lugares remotos, puede ser muy efectivo. La Facultad de Teología de La Carlota en Córdoba da enseñanzas y educación online.
- **Apoyo logístico**: Aplicaciones de mapas y traducción, como Google Maps y últimamente la Inteligencia Artificial, son útiles. Puedes hacer traducciones rápidos y fiables en AI.
- **Comunidades de oración**: Crea grupos en línea donde las personas puedan compartir peticiones y orar juntas. En nuestra fraternidad en FRALEMA nos reunimos como ministros una vez por mes online.

5. Consejos para mantener el equilibrio

Limita tu tiempo en la tecnología porque su alcance es limitado.

Ten períodos de "desconexión" de los medios. Dedica momentos libres de tecnología para buscar a Dios y conectar con quienes te rodean. El ayuno no debe ser solamente de comida, sino también de las redes y de la tecnología.

Evalúa regularmente. Pregúntate si tu uso de tecnología está ayudando o te está distrayendo del propósito principal de tu vida. Para que sea útil, la gente que está a tu cuidado deben saber utilizarla. De otra forma, no lo utilices.

6. Ejemplos bíblicos y reflexiones

Aunque la Biblia no menciona tecnología moderna, hay principios aplicables:

- **Sabiduría y prudencia**: Mateo 10:16 nos llama a ser *"astutos como serpientes y sencillos como palomas"*. Esto incluye cómo usamos las herramientas disponibles.

- **Todo para la gloria de Dios**: 1 Corintios 10:31 recuerda que incluso las tareas diarias deben reflejar nuestra devoción a Dios.

Lección 17:
Cómo fomentar líderes locales y establecer iglesias que se sostengan solas

Fomentar líderes locales y establecer iglesias autosostenibles han sido mis objetivos fundamentales en el ministerio misionero, ya que aseguran que la obra continúe creciendo y prosperando incluso después de que el misionero haya dejado el campo. Por eso daré mis reflexiones y consejos al tanto.

1. La importancia de capacitar líderes locales

Razones bíblicas y prácticas:

- **El modelo de Jesús**: Jesús invirtió intencionalmente en su grupo pequeño de discípulos, para capacitarlos como líderes que llevarían Su misión al mundo (*cf.* Mt 28:18-20).
- **El enfoque de Pablo**: Pablo discipuló a líderes como Timoteo y Tito, confiándoles la responsabilidad de guiar iglesias locales (*cf.* 2 Ti 2:2; Tit 1:5).
- **Culturalmente relevante**: Los líderes locales comprenden mejor las necesidades, idioma y tradiciones de su comunidad, permitiéndoles ministrar de manera más efectiva. Por eso es importante que el misionero les deja funcionar.

2. Cómo fomentar líderes locales

Identificar a los futuros líderes
Busca personas con *un corazón dispuesto*, carácter cristiano y dones espirituales claros. 1 Timoteo 3:1-7 nos explica

cómo deben ser.

Observa quién ya está sirviendo fielmente, mostrando iniciativa y compromiso. Los que son fieles en lo poco, también lo serán en lo mucho. Para mí *la fidelidad* ha sido uno de los criterios más importantes.

Invertir tiempo y recursos

- **Mentoría intencional**: Camina junto con ellos, modelando el liderazgo basado en *servicio* (*cf.* Mr 10: 43-45). No se hace tanto solamente en una silla con un libro; sino la vida práctica y las experiencias añaden una profundidad importante al ministerio.
- **Enseñanza teológica y práctica**: Provee una base bíblica sólida y herramientas prácticas para liderar. Yo he edificado nuevas iglesias conjuntamente con nuevos líderes. Esto ha funcionado muy bien para mí.

Delegar responsabilidades gradualmente

- Comienza confiándoles tareas simples, y a medida que crecen, entrégales mayor responsabilidad (*cf.* Éx 18:21-23).
- Evita centralizar el ministerio en ti mismo; capacítalos para liderar de manera autónoma. El Señor debe controlar sus siervos, no somos los misioneros que tenemos que hacerlo.

Fomentar la dependencia de Dios, no del misionero

- Ayúdales a desarrollar una relación personal y madura con Dios, buscando guía directamente del Espíritu Santo (*cf.* Jn 14:26).
- Anímalos a tomar decisiones difíciles basándose en principios bíblicos.

- Siempre existe la tentación del orgullo y la vanagloria. Deben saber manejar esta tentación y vencerlo.

3. Establecer iglesias autosostenibles

El objetivo es que las iglesias sean **autogobernadas, autofinanciadas y autoproclamadoras del evangelio.**

Autogobierno

- **Hay estructuras bíblicas al cual queremos someternos**. Establece esta estructura de liderazgo local basada en ancianos y diáconos, según lo enseñado en 1 Timoteo 3 y Tito 1.

- **Entrenamiento para el liderazgo**: Asegúrate de que los líderes locales sean capaces de resolver conflictos, enseñar la Palabra y guiar a la congregación sin intervención externa. Pablo lo hizo con ayunos y oración (*cf.* Hch 14:23).

Autofinanciamiento

- **Enseñanza sobre la mayordomía**: Instruye a los creyentes sobre el principio bíblico del dar, enseñando pasajes como 2 Corintios 9:6-7 y Malaquías 3:10. Se debe basar nuestra vida económica en la Palabra de Dios.

- **Proyectos de autosostenibilidad**: Ayuda a las iglesias a desarrollar iniciativas económicas que contribuyan a su sostenimiento, como fomentar comités de misiones. No es bueno sólo mirarnos a nosotros mismos, debemos ser generosos como Dios es generoso, y ayudar a los demás. Yo lo he practicado desde el primer momento. Aunque el grupo no tiene dinero para cubrir todos sus gastos, hemos enviado dinero para las misiones.

- **Evitar la dependencia externa**: Aunque el apoyo externo puede ser necesario inicialmente, establece límites claros para que no se convierta en una carga perpetua.

Autopropagación

- **Evangelismo local**: Capacita a los miembros para compartir su fe con amigos, familiares y comunidades cercanas (*cf.* Hch 1:8). Son ellos que tienen que hacer el trabajo, porque son los que viven en este sitio.

- **Plantación de iglesias**: Inspira a la iglesia a enviar misioneros locales para expandir el evangelio en otras áreas. Muchas veces tenemos que enviar las mejores personas que tenemos.

4. Obstáculos comunes y cómo superarlos

- **Dependencia excesiva del misionero.**
  Solución: Desde el principio, evita hacer todo tú mismo. Involucra a los líderes locales en las decisiones y responsabilidades.
- **Falta de recursos locales**
  Solución: En lugar de importar soluciones, busca aprovechar los recursos disponibles en la comunidad y enséñales a usarlos con sabiduría.

5. Ejemplo práctico: El enfoque de Pablo en Éfeso

En Éfeso (*cf.* Hch 19), **Pablo predicó la Palabra fielmente**. Dedicó tiempo a enseñar tanto en público como en privado.

"Pablo entró en la sinagoga y habló allí con toda valentía durante tres meses. Discutía acerca del reino de Dios, tratando de convencerlos, pero algunos se negaron obstinadamente a creer, y ante la congregación hablaban mal del Camino. Así que Pablo se alejó de ellos y formó un grupo aparte con los discípulos; y a diario debatía en la escuela de Tirano.

Esto continuó por espacio de dos años" (vv. 8-10).

Formó discípulos locales: Entrenó a líderes que continuarían su obra.

"Así que Pablo [...] formó un grupo aparte con los discípulos; y a diario debatía en la escuela de Tirano".

Se retiró estratégicamente: Después de un tiempo, dejó a los líderes encargados, confiando en que Dios completaría la obra (*cf.* Hch 20:28-32). Fue un momento de persecución que le hizo dejar a Éfeso. Su hora había llegado y tenía gente preparada para llevar la obra adelante.

Reflexión bíblica y práctica

El modelo bíblico nos muestra que los misioneros son *sembradores, pero el crecimiento viene de Dios* (1 Co 3:6-7). Fomentar líderes locales y establecer iglesias autosostenibles no solo asegura la continuidad del evangelio, sino que también honra el diseño de Dios para su iglesia: un cuerpo unido, fuerte y autónomo (*cf.* Ef 4:11-16).

Lección 18:
El regreso del misionero

¿Cómo manejar la transición al regresar a casa después de años en el campo? Debemos enfrentar el desafío de reintegrarse a una cultura que puede haber cambiado mientras tú estabas fuera. Este proceso, conocido como **reentrada** involucra ajustes a la cultura, relaciones y un nuevo propósito en el contexto familiar.

Recuerdo que después de 18 años en el campo de misión volvimos a nuestro país. La verdad es que fue un choque para mí. Entraba en mi país donde todo era diferente, porque salí como un joven, y mis amigos ya tenían sus familias y trabajos, y la vida fue muy diferente a lo que era antes. Tuvimos que buscar trabajo por un par de años, y tuvimos tiempo de cultivar el contacto con la familia. Algo muy bonito, pero al mismo tiempo, sentimos que éste no era nuestro lugar, y después de dos años, volvimos al campo de las misiones. Debo confesar que pasé por varias cosas difíciles dentro de mi corazón durante estos dos años. Cosas que me formaron, y que convertí en algo útil para mi crecimiento.

Aquí tienes algunas reflexiones y estrategias para manejar esta etapa con sabiduría y gracia.

1. Reconoce las emociones de la reentrada

Regresar a casa puede traer sentimientos encontrados, como:

- **Alegría**: Por reunirte con amigos y familiares.
- **Duelo**: Por dejar atrás el campo, las relaciones y el ministerio que construiste.

- **Frustración**: Por no sentirte completamente entendido por quienes no compartieron tu experiencia.
- **Confusión**: Al adaptarte a cambios culturales o al preguntarte cuál es tu próximo paso.

Acción práctica

Permítete sentir estas emociones. Ignorarlas puede llevar a descontento o resentimiento, si no es necesario pasar por allí, sin echar culpas a otros. La vida cambia, y nosotros también. Acepta la realidad de la vida. Además, es bueno hablar con otros misioneros que hayan pasado por la misma transición.

2. Prepara tu regreso antes de partir

La reentrada comienza antes de salir del campo. Una buena preparación puede suavizar el impacto. Aquí te doy unos pasos prácticos.

- **Reflexiona sobre tu tiempo en el campo**: Haz una evaluación honesta de tus experiencias, logros y aprendizajes. Jesucristo dijo: *"La verdad os hará libres"*. Sé honesto y entrega tu tiempo en el campo al Señor con gratitud.
- **Cierra ciclos relacionales**: Despídete de las personas importantes y delega tus responsabilidades de manera clara. En el evangelio de Juan 15 se dice que el podador poda su viña. ¿Por qué se poda? Sencillamente porque él quiere tener más fruto de ella. Dios no te quita algo, por maldad, sino por su gran bondad. Intenta entender su bondad y gracia contigo. ¡Vas a dar más fruto!
- **Establece expectativas realistas**: Comprende que las cosas habrán cambiado en casa, y tú también has cambiado. Intenta entender que serán tus propios pasos, y concéntrate en ello. Antes hablamos del profeta Elías, y recuerda que Dios tuvo más grandes misiones para él al

final de su vida. El cambió le costó, pero todo fue para bien, ¿verdad?

3. Ajusta tu identidad y propósito

En el campo misionero, tu identidad puede estar profundamente ligada a tu rol. Al regresar, es común sentirse desorientado al no tener el mismo propósito claro. Por ello necesitamos humillarnos ante Dios y tener reflexiones realistas. Primero recuerda que tu identidad principal está *"en Cristo"*, no en tu función como misionero (Col 3:3). Busca la guía de Dios para el nuevo capítulo de tu vida. Proverbios 3:5-6 dice:

"Fíate de Jehová de todo tu corazón, Y no te apoyes en tu propia prudencia. Reconócelo en todos tus caminos, Y él enderezará tus veredas".

Pasos prácticos

Explora cómo puedes usar tus dones y experiencias en tu comunidad local. Dios abre nuevos caminos donde estás. Considera roles en tu iglesia, organizaciones misioneras o capacitación de nuevos misioneros.

4. Maneja el choque cultural inverso

Tienes que manejar el choque cultural inverso al regresar a una cultura que ahora se siente extraña o desconectada de lo que conociste en el campo de misión.

Desafíos comunes

- **Cambios en la cultura**: La tecnología, tendencias sociales y actitudes pueden haber cambiado mientras estabas fuera. El ajuste es necesario.

- **Desajuste relacional**: Amigos y familiares han crecido y desarrollado en una forma distinta, por eso pueden no comprender completamente tu experiencia.

Cada uno está ocupado en una transición en su propia vida que les absorbe. Ya no los conoces como "antes". Significa que debes comenzar "de nuevo" en tus relaciones. Hay que darle tiempo.

- **Posibles tentaciones**: Regresar a un entorno materialmente abundante puede ser abrumador. Tuve un momento de afecto al ver cómo todos habían prosperado materialmente durante mis años de ausencia, y yo volví sin nada "materialmente" hablando. El ajuste era necesario, y también la necesidad de recibir el contentamiento que Dios da.

Cómo afrontarlo

- **Sé paciente contigo mismo y con los demás**: Adapta tus expectativas y evita comparaciones. Acepta la situación como es, y has los ajustes necesarios. No deja el enemigo sembrar semillas malas en ti, sino pide el "contentamiento" de Dios. Él te ha dado "riquezas" que tus amigos en casa no conocen.

- **Busca una comunidad de apoyo**: Conéctate con otros misioneros o personas con experiencias similares que puedan ofrecer comprensión. Mi hija, al volver a Suecia, recibió un gran apoyo de MBT, que es un campamento para los hijos de los misioneros durante el verano. Allí sintió que la entendieron.

- **Mantén una perspectiva agradecida**: Reconoce las bendiciones tanto en el campo como en casa. El agradecimiento al Señor es fundamental para crecer espiritualmente y ser utilizado por Él.

5. Cuida de tu bienestar emocional y espiritual

La transición puede ser agotadora, así que es esencial priorizar tu salud integral. El profeta Elías dejó a Dios tratarle. Dios sabe hacerlo bien.

Acciones clave

Un consejero cristiano o un mentor con experiencia misionera puede ayudarte a procesar tus emociones. Es bueno poder hablar con gente madura. No creas que eres una persona súper-espiritual, que has aconsejado a otros, pero a ti no te afectará. Bájate y entiende que tú eres como los demás, y necesitas el trato de Dios.

- **Renueva tu vida espiritual**: Dedica tiempo a la oración, la lectura de la Palabra y la adoración para encontrar fortaleza y dirección. También dedica tiempos al ayuno y oración. No olvides estos consejos tan básicos, y no los dejes a un lado. Hay mucha sabiduría en ello.

- **Cuida tu cuerpo**: Alimentación saludable, ejercicio regular y descanso son esenciales para manejar el estrés. Recuerda el ejemplo de Elías, del cual hemos hablado en capítulo 15.

6. Encuentra tu lugar en la iglesia local

Al regresar, puede ser difícil encontrar tu rol en la iglesia, especialmente si estás acostumbrado a liderar. Cuando Dios llamó a Elías, tuvo que salir de "la gruta".

Consejos prácticos

- **Sé humilde:** Aunque tengas amplia experiencia, tómate tiempo para observar y aprender cómo funcionan las cosas en tu iglesia. Adáptate a ella.

- **Comparte tus experiencias**: Puedes inspirar y animar a otros al contar cómo Dios obró durante tu tiempo en el campo.

- **Apoya a otros misioneros**: Considera involucrarte en el ministerio misionero local, ya sea discipulado a nuevos misioneros o participando en proyectos globales.

7. Reflexiona y documenta tu experiencia

Tomarte tiempo para escribir o compartir tus experiencias que puede ayudarte a procesar tu tiempo en el campo y también inspirar a otros. Este libro es un ejemplo de esto.

Ideas prácticas
- Escribe un diario de reentrada.
- Organiza reuniones con pequeños grupos para compartir tus historias.
- Crea contenido, como artículos o videos, que puedan servir a otros misioneros en transición.

8. Apóyate en promesas bíblicas

Dios es fiel en todas las estaciones de la vida. Algunas promesas que pueden darte consuelo y dirección son:

- **Isaías 41:10**: *"No temas, porque yo estoy contigo; no desmayes, porque yo soy tu Dios que te esfuerzo"*.
- **Romanos 8:28**: *"Sabemos que a los que aman a Dios, todas las cosas les ayudan a bien"*.
- **Jeremías 29:11**: *"Porque yo sé los planes que tengo para ustedes, declara el Señor"*.

9. Encuentra un nuevo propósito en tu "misión" en casa

El regreso a casa no es el final de tu llamado. En lugar de verlo como una conclusión, míralo como el inicio de una nueva etapa donde Dios quiere usarte en formas distintas.

Lección 19:
¿Cómo vivir las persecuciones?

Hay diferentes tipos de persecuciones

La vida cristiana es rechazada en muchos lugares del mundo, y como consecuencia, muchos misioneros viven inmersos en estas realidades. Para hablar de la persecución cristiana en la actualidad, voy a presentar la organización "Puertas Abiertas". Fue el "Hermano Andrés" quien sirvió como misionero, principalmente en la Unión Soviética, durante la época del régimen comunista, cuando los cristianos enfrentaban un severo hostigamiento y persecución.

Durante más de 60 años, Puertas Abiertas ha estado trabajando con los cristianos perseguidos en los lugares donde sufren mayor persecución y opresión, proporcionando ayuda específica en más de sesenta países.

La historia de la organización "Puertas Abiertas"

Desde su fundación en 1955, la organización Puertas Abiertas ha trabajado en favor de los cristianos que sufren persecución en diversas partes del mundo. Su labor comenzó cuando el joven holandés conocido como el "Hermano Andrés" empezó a introducir Biblias de contrabando en Europa del Este, bajo regímenes comunistas. Con el paso de los años, su visión se expandió a otros continentes, alcanzando África, Asia y América Latina.

Su misión es clave para acompañar a los cristianos perseguidos, a quienes apoyan a través de dist intos proyectos adaptados a sus necesidades locales, especialmente en aquellos lugares donde hay una mayor opresión.

Orígenes del ministerio

Como hemos dicho ya, el ministerio de Puertas Abiertas tiene su origen en el "Hermano Andrés". Entre 1955 y 1957, este joven holandés estuvo en Varsovia, Polonia, donde descubrió a la Iglesia perseguida. Sus viajes por Europa del Este distribuyendo Biblias le permitieron conocer a creyentes perseguidos que vivían en estos países, así como recibir la ayuda en el ministerio por parte de algunos de ellos.

Esta historia se conoce por el libro titulado *"El Contrabandista de Dios"*[3], que fue una obra muy popular, y permitió dar a conocer la visión y necesidad de ayudar a la Iglesia perseguida en los países más difíciles.

Más allá de la Unión Soviética

El ministerio del "Hermano Andrés" fue mucho más allá de Europa del Este y la Unión Soviética. Puertas Abiertas nació en el año 1970, cuando se reclutaron a muchos más colaboradores para trabajar con los cristianos perseguidos de países de África, Asia y Latinoamérica.

En la Conferencia "Love China", celebrada en 1975, se mostró la realidad del cristianismo perseguido a un público muy amplio. Allí fue donde se inició uno de los proyectos más conocidos de Puertas Abiertas, llamado el Proyecto Perla. En una sola noche, en junio de 1980, se repartieron cerca de un millón de Biblias.

En el mundo islámico

Uno de los contextos donde más problemas pueden tener los misioneros es el mundo islámico. En 1982, Puertas Abiertas lanzó una campaña de siete años de oración por el bloque comunista. En 1989, el Muro de Berlín cayó. Las cosas ya no volvieron a ser como antes. Sin embargo, aún hay muchos países en los que el cristianismo era perseguido,

---

[3] Andrew, B, (2003). *El contrabandista de Dios* (J. Günther, Trad.). Editorial Peniel. (Trabajo original publicado en 1967).

como China, Vietnam, Corea del Norte y muchos países africanos, y en especial en los países islámicos.

Conscientes de ello, el Ministerio Puertas Abiertas ha alertado de la creciente persecución en el mundo musulmán. En 1973, el Hermano Andrés viajó a Arabia Saudita. Durante los años 80, informó de la importancia de ayudar y proteger a la iglesia cristiana en los países musulmanes, como una de las mayores prioridades.

Más que Biblias

Apoyar a los cristianos perseguidos supone mucho más que repartir Biblias y material cristiano. En 1978, los cristianos de Asia recibieron por primera vez un manual para líderes enfocado en cómo resistir la persecución. Esto es de gran importancia parar los misioneros. En los años 90, Puertas Abiertas fundó un instituto formativo para pastores en el África subsahariana, así como un programa mundial para pastores de la Iglesia Perseguida.

Los misioneros en territorio de la iglesia perseguida

Tenemos hermanos que trabajan en estos lugares de persecución cristiana, enfrentando grandes desafíos.

En primer lugar, su labor es anónima, ya que no pueden identificarse abiertamente como "misioneros". Esta realidad puede ser difícil de aceptar para algunos. Mi hermano, en la carne, tuvo que desempeñarse bajo estas condiciones en un país extremadamente cerrado. Él ya ha partido con el Señor. Muchos de estos hermanos deben adoptar un "apodo" o identidad diferente para protegerse de posibles persecuciones.

En segundo lugar, requieren constantemente la dirección y sabiduría de Dios para desenvolverse en su entorno y cumplir con la obra del Señor.

En tercer lugar, hay casos de misioneros que han sido encarcelados por su fe. Un ejemplo conocido ocurrió alrededor del año 2016-2017, cuando el entonces presidente de Estados

Unidos, Donald Trump, tuvo un enfrentamiento con el presidente Erdogan de Turquía para lograr la liberación de un misionero preso estadounidense. Este misionero finalmente fue liberado, pero como represalia, Turquía expulsó a otros misioneros que llevaban años en el país. Entre ellos, un veterano misionero español sufrió las consecuencias.

Estos valientes hombres y mujeres no tienen temor; están llenos de amor. Es este amor el que los impulsa a predicar el evangelio de Jesucristo, sin poder negar su llamado. Jesús afirmó en Mateo 10:16: *"He aquí, yo os envío como a ovejas en medio de lobos; sed, pues, prudentes como serpientes, y sencillos como palomas"*.

Quienes deseen ir a estos países deben estar dispuestos a enfrentar persecuciones y mantenerse firmes en su fe.

El apóstol Pablo

Ya en su llamamiento Jesucristo le avisó de las persecuciones que tenía que pasar:

"El Señor le dijo: Ve, porque instrumento escogido me es este, para llevar mi nombre en presencia de los gentiles, y de reyes, y de los hijos de Israel; porque yo le mostraré cuánto le es necesario padecer por mi nombre" (Hch.9:16-17).

El mismo da testimonio acerca de lo que le costó ser apóstol entre los gentiles en 2 Corintios 11:16-30.

"Otra vez digo: Que nadie me tenga por loco; o de otra manera, recibidme como a loco, para que yo también me gloríe un poquito. Lo que hablo, no lo hablo según el Señor, sino como en locura, con esta confianza de gloriarme. Puesto que muchos se glorían según la carne, también yo me gloriaré; porque de buena gana toleráis a los necios, siendo vosotros cuerdos. Pues toleráis si alguno os esclaviza, si alguno os devora, si alguno toma lo vuestro, si alguno se enaltece, si alguno os da de bofetadas. Para vergüenza mía lo digo, para eso fuimos demasiado débiles. Pero en lo que otro tenga osadía (hablo con locura), también yo tengo osadía.

¿Son hebreos? Yo también. ¿Son israelitas? Yo también. ¿Son descendientes de Abraham? También yo. ¿Son ministros de Cristo? (como si estuviera loco hablo). Yo más; en trabajos más abundante; en azotes sin número; en cárceles más; en peligros de muerte muchas veces. De los judíos cinco veces he recibido cuarenta azotes menos uno. Tres veces he sido azotado con varas; una vez apedreado; tres veces he padecido naufragio; una noche y un día he estado como náufrago en alta mar; en caminos muchas veces; en peligros de ríos, peligros de ladrones, peligros de los de mi nación, peligros de los gentiles, peligros en la ciudad, peligros en el desierto, peligros en el mar, peligros entre falsos hermanos; en trabajo y fatiga, en muchos desvelos, en hambre y sed, en muchos ayunos, en frío y en desnudez; y además de otras cosas, lo que sobre mí se agolpa cada día, la preocupación por todas las iglesias. ¿Quién enferma, y yo no enfermo? ¿A quién se le hace tropezar, y yo no me indigno? Si es necesario gloriarse, me gloriaré en lo que es de mi debilidad".

Esto es un testimonio de uno de los primeros misioneros de la iglesia cristiana. El mismo Señor le reveló que tendría que sufrir mucho por su causa. Esto es algo que sucede con muchas personas: por nuestra fe en Jesucristo, enfrentaremos sufrimientos.

Pablo, a pesar de ser perseguido hasta el punto de casi perder la vida, no se queja. En lugar de lamentarse, menciona en este pasaje el precio que debe pagarse como apóstol de Jesucristo en el contexto en el que él vivía. Al final, declara que ha recibido grandes revelaciones, pero reconoce que, para evitar que su orgullo se enaltezca, Dios permitió que un "mensajero de Satanás" lo atormentara. Ante esto, Dios le dijo: *Bástate mi gracia, porque mi poder se perfecciona en la debilidad".*

Por esta razón, Pablo afirma que se alegra en su debilidad. ¿Por qué? Porque en su fragilidad, el poder de Dios se manifiesta de manera perfecta. Hay una profunda sabiduría en estas palabras. Quien tenga discernimiento espiritual, que reflexione bien en estas verdades.

Las profecías de Jesucristo acerca de persecuciones venideras

"He aquí, yo os envío como a ovejas en medio de lobos; sed, pues, prudentes como serpientes, y sencillos como palomas. Y guardaos de los hombres, porque os entregarán a los concilios, y en sus sinagogas os azotarán; y aun ante gobernadores y reyes seréis llevados por causa de mí, para testimonio a ellos y a los gentiles. Mas cuando os entreguen, no os preocupéis por cómo o qué hablaréis; porque en aquella hora os será dado lo que habéis de hablar. Porque no sois vosotros los que habláis, sino el Espíritu de vuestro Padre que habla en vosotros. El hermano entregará a la muerte al hermano, y el padre al hijo; y los hijos se levantarán contra los padres, y los harán morir. Y seréis aborrecidos de todos por causa de mi nombre; mas el que persevere hasta el fin, este será salvo. Cuando os persigan en esta ciudad, huid a la otra; porque de cierto os digo, que no acabaréis de recorrer todas las ciudades de Israel, antes que venga el Hijo del Hombre. El discípulo no es más que su maestro, ni el siervo más que su señor. Bástale al discípulo ser como su maestro, y al siervo como su señor. Si al padre de familia llamaron Beelzebú, ¿cuánto más a los de su casa?" (Mt 10:16- 25).

Si somos siervos de Jesucristo debemos saber: *"El discípulo no es más que su maestro, ni el siervo más que su señor"*. Si a Jesucristo le mataron, y también a la mayoría de los apóstoles le pasó lo mismo, con persecuciones y dificultades, ¿cómo pensamos que vamos a librarnos de ello?

Jesucristo llega a decir palabras muy impactantes: *"El hermano entregará a la muerte al hermano, y el padre al hijo; y los hijos se levantarán contra los padres y los harán morir"*. Esto ocurre en ciertas culturas, donde la conversión a Jesucristo puede llevar a una ruptura total con la familia. En algunos casos, un hijo que decide seguir a Cristo es rechazado como "hijo" y la familia no quiere saber nada más de él. He conocido personas que han atravesado esta situación, y he podido ayudarles aquí en España, sin necesidad de ir a otro país.

El mensaje de Jesucristo continúa:

"He aquí, yo os envío como a ovejas en medio de lobos; sed, pues, prudentes como serpientes, y sencillos como palomas. Y guardaos de los hombres, porque os entregarán a los concilios, y en sus sinagogas os azotarán; y aun ante gobernadores y reyes seréis llevados por causa de mí, para testimonio a ellos y a los gentiles" (Mt 10:16-18).

Primero, Él dice: *"Os envío como a ovejas en medio de lobos"*. Esto requiere actuar con prudencia y evitar exponerse innecesariamente ante personas peligrosas. Su consejo es claro: *"Sed, pues, prudentes como serpientes, y sencillos como palomas"*.

Es fundamental comprender qué significa ser "prudentes como serpientes" y "sencillos como palomas". Con estas palabras, Jesús advierte que enfrentarán persecuciones y desafíos, y por ello deben ser astutos, sabiendo discernir los peligros, pero también ser íntegros y estar llenos de humildad en su conducta.

Intentemos entender estas palabras.

1. Prudentes como serpientes

La serpiente, en la cultura de la época, era vista como un símbolo de astucia y habilidad para evitar el peligro. Jesús les pide a sus seguidores que sean prudentes, lo cual implica:

- **Discernimiento:** Evaluar las situaciones con cuidado antes de actuar.
- **Precaución:** No exponerse innecesariamente al peligro.
- **Estrategia:** Actuar con sabiduría para cumplir su misión sin caer en trampas o provocar conflictos innecesarios.

En otras palabras, Jesús no está sugiriendo deshonestidad,

sino la capacidad de ser inteligentes y estratégicos en un mundo hostil. Él mismo lo mostró en varias ocasiones, tanto en Nazaret como en Jerusalén.

2. Sencillos como palomas

La paloma es un símbolo de pureza, paz e inocencia. Ser sencillos significa:

- **Pureza de intención:** Mantener un corazón limpio y honesto, sin malas intenciones.
- **Transparencia:** Actuar con integridad, sin duplicidad ni engaño.
- **Amabilidad:** Reflejar el carácter pacífico y amoroso de Dios en las relaciones.

Jesús instruye que esta sencillez no debe comprometer la prudencia, sino complementarla.

El equilibrio entre prudencia y sencillez

Jesús nos llama a encontrar un balance entre ser astutos para navegar las dificultades del mundo y ser puros para no perder el testimonio de nuestra fe.

- **Prudencia sin sencillez** puede derivar en astucia egoísta o manipulación.
- **Sencillez sin prudencia** puede llevar a la ingenuidad o vulnerabilidad excesiva.

Aplicación práctica

En la vida diaria, estas palabras de Jesús nos enseñan a:

- **Actuar con sabiduría:** Enfrentando desafíos y tomando decisiones basadas en discernimiento espiritual.
- **Mantener la integridad:** Demostrando el carácter de Cristo en nuestras acciones y relaciones.
- **Ser testigos efectivos:** Presentando el evangelio con gracia y habilidad, incluso en medio de oposición.

"La noche viene cuando nadie puede trabajar" dijo el Señor en Juan 9:4. Todo el versículo dice: *"Me es necesario hacer las obras del que me envió, entre tanto que el día dura; la noche viene, cuando nadie puede trabajar"*. Puede llegar "la noche" cuando tenemos que retirarnos y no podemos trabajar.

Esto es especialmente relevante para los misioneros, quienes a menudo trabajan en contextos desafiantes. Necesitan sabiduría para adaptarse culturalmente y valentía para reflejar la verdad del evangelio sin comprometer su testimonio.

¿Qué aprendemos de las persecuciones?

Las persecuciones en la Biblia nos enseñan importantes lecciones espirituales y prácticas sobre la fe, la obediencia y la relación con Dios. A continuación, algunos aprendizajes clave:

1. La persecución es parte del llamado cristiano
Jesús advirtió que sus seguidores enfrentarían oposición:

"En el mundo tendréis aflicción; pero confiad, yo he vencido al mundo" (Jn 16:33).

La persecución no es un accidente, sino una consecuencia de vivir según los valores del Reino de Dios en un mundo que lo rechaza.

2. Dios utiliza la persecución para cumplir sus propósitos
A través de la persecución, el evangelio se ha extendido. En Hechos 8:1-4, vemos que la persecución en Jerusalén llevó a los creyentes a huir a otras regiones, propagando la Palabra de Dios.

3. La fe se fortalece en la adversidad
Los creyentes perseguidos crecen en dependencia de Dios

y en confianza en Su poder: *"Bástate mi gracia, porque mi poder se perfecciona en la debilidad"* (2 Co 12:9). La persecución revela la fortaleza de nuestra fe y nos lleva a buscar la gracia de Dios.

4. El sufrimiento por Cristo tiene recompensa eterna

La Biblia nos anima a soportar la persecución con la esperanza puesta en la gloria venidera:

"Bienaventurados los que padecen persecución por causa de la justicia, porque de ellos es el reino de los cielos" (Mt 5:10).

"Si sufrimos, también reinaremos con él" (2 Ti 2:12).

5. La persecución nos identifica con Cristo

Cuando sufrimos por nuestra fe, participamos en los sufrimientos de Cristo y damos testimonio de su amor y verdad:

"Si a mí me han perseguido, también a vosotros os perseguirán" (Jn 15:20).

"Gozosos de haber sido tenidos por dignos de padecer afrenta por causa del Nombre" (Hch 5:41).

6. La oración es clave en tiempos de persecución

En medio de la persecución, los creyentes oran por fortaleza y sabiduría:

"Y ahora, Señor, mira sus amenazas, y concede a tus siervos que con todo denuedo hablen tu palabra" (Hch 4:29).

La oración es la base de la fortaleza espiritual frente a las pruebas.

7. La persecución revela la fidelidad de Dios

Dios no abandona a sus hijos en medio de las pruebas: En

Daniel 3, Dios estuvo con los tres jóvenes hebreos en el horno de fuego. En Hechos 16:25-26, Pablo y Silas cantaban himnos en la cárcel, y Dios obró milagrosamente para liberarlos.

8. El amor y el perdón son el testimonio más poderoso

Muchos mártires en la Biblia y en la historia cristiana respondieron a la persecución con amor y perdón. Jesucristo dijo: *"Padre, perdónalos, porque no saben lo que hacen"* (Lc 23:34). Esteban, el primer mártir cristiano, siguió el ejemplo de su Señor y oró por sus verdugos antes de morir *(cf.* Hch 7:60).

En resumen, las persecuciones en la Biblia nos enseñan a confiar en Dios, a perseverar en la fe y a vivir con la esperanza de Su recompensa eterna, sabiendo que nada puede separarnos del amor de Cristo (Ro 8:35-39).

Lección 20:
Algunos pagan un precio muy alto

Lo que cuesta seguir a Jesús

"Iban por el camino cuando alguien dijo a Jesús: —Te seguiré adondequiera que vayas. —Las zorras tienen madrigueras y las aves tienen nidos —respondió Jesús—, pero el Hijo del hombre no tiene dónde recostar la cabeza. A otro le dijo: —Sígueme. Él contestó: —Señor, primero déjame ir a enterrar a mi padre. —Deja que los muertos entierren a sus muertos, pero tú ve y proclama el reino de Dios —respondió Jesús. Otro afirmó: —Te seguiré, Señor, pero primero deja despedirme de mi familia. Jesús respondió: —Nadie que mire atrás después de poner la mano en el arado es apto para el reino de Dios" (Lc 9:57-62).

Cuando seguimos a Jesucristo tenemos que dejar todas las otras cosas en esta vida, y darle todo para el reino de Dios, como hizo nuestro Señor Jesucristo. No hay camino de vuelta: *"Nadie que mire atrás después de poner la mano en el arado es apto para el reino de Dios"*.

Los cristianos y la peste
La peste que afectó a Alejandría alrededor del año 250 ocurrió durante el reinado del emperador Decio y es conocida como la Peste de Cipriano.

Contexto histórico

- La plaga comenzó alrededor del **249-250 d.C.** y se extendió por todo el Imperio Romano, afectando ciudades como **Roma, Cartago y Alejandría**.

- Se cree que fue una **epidemia altamente mortal**, posiblemente una forma de viruela, gripe hemorrágica o fiebre tifoidea.
- La plaga duró **casi 20 años**, debilitando significativamente al Imperio Romano.

La respuesta de los cristianos en Alejandría

Alejandría, una de las ciudades más importantes del imperio, fue duramente golpeada por la peste. **Dionisio de Alejandría**, un obispo cristiano de la época, escribió sobre la situación y destacó la actitud heroica de los cristianos frente a la crisis:

Los cristianos ayudaron a los enfermos. Mientras que la mayoría de la población (incluyendo los paganos) **huían** de los afectados, los cristianos **se quedaron para cuidar a los enfermos**, aun a costa de su propia vida.

De hecho, muchos cristianos murieron ayudando a otros: Dionisio menciona que **muchos creyentes fallecieron**, pero lo hicieron con amor y sin temor, viéndolo como un acto de servicio a Dios y al prójimo.

Esto tuvo un gran impacto en la sociedad. La actitud de los cristianos **conmovió** a muchos no creyentes, pues contrastaba con la desesperación y egoísmo del resto de la población. Algunos historiadores creen que esta fue una de las razones del **crecimiento del cristianismo** en los siglos siguientes.

Los paganos reaccionaron de forma opuesta. Dionisio describe que los paganos, temerosos de la peste, **abandonaban a sus propios familiares enfermos**, dejándolos morir sin asistencia.

Testimonio de Dionisio de Alejandría

En una de sus cartas, Dionisio escribió:

"La mayoría de nuestros hermanos cristianos mostraron amor y lealtad ilimitados, nunca ahorrándose a sí mismos y pensando solo en los demás. Sin tener en cuenta el peligro, tomaron en sus manos a los enfermos, los atendieron, los consolaron y se quedaron con ellos. Muchos, al atender a otros, murieron, transfiriendo a sí mismos la muerte de los enfermos...".

En contraste, sobre los paganos escribió:

"Los paganos arrojaban a sus enfermos a las calles tan pronto como mostraban síntomas, y dejaban a los muertos sin sepultura, huyendo del contagio de la muerte, lo cual no po-dían evitar".

Consecuencias de la peste y la ayuda cristiana

- **El cristianismo se fortaleció**: La actitud sacrificial de los cristianos impresionó a la sociedad romana, lo que llevó a muchos a convertirse al cristianismo.
- **Los cristianos ganaron credibilidad**: Su compasión contrastaba con la indiferencia de los paganos.
- **Se debilitó la religión pagana**: La peste y la ineficacia de los sacerdotes paganos para enfrentarla provocaron una crisis de fe en el politeísmo romano.

Reflexión

Este evento es un ejemplo poderoso de cómo el amor cristiano en acción puede transformar una sociedad. Los cristianos de Alejandría no solo predicaron el evangelio con palabras, sino que lo demostraron con sacrificio y compasión.

Los cristianos y el ébola en África

Durante las décadas de 1980 y 1990, el virus del Ébola afectó varias regiones de África, incluyendo la actual República Democrática del Congo (RDC), antes conocida como Zaire. Este virus, altamente mortal, causó varios brotes y generó miedo en la población.

Brotes de Ébola en el Congo (Zaire) en los años 1980-90

El primer brote conocido del virus del Ébola ocurrió en 1976 en Zaire (hoy RDC), cerca del río Ébola, de donde proviene el nombre del virus. Sin embargo, durante los años 1980-1990, hubo nuevos casos y brotes esporádicos en la región, aunque no tan mortales como el de 1976.

Durante estos brotes, grupos de cristianos (misioneros, médicos y voluntarios) brindaron asistencia a las comunidades afectadas, arriesgando sus vidas en el proceso.

La labor de los cristianos durante los brotes de Ébola

A lo largo de la historia, los cristianos han jugado un papel clave en la atención médica en África. Durante los brotes de Ébola en la RDC, misioneros cristianos, médicos y organizaciones humanitarias cristianas fueron de los pocos que se quedaron para atender a los enfermos, mientras que muchas otras personas huían por miedo al contagio.

- **Hospitales y clínicas cristianas**: Varias misiones cristianas tenían hospitales y clínicas en zonas rurales de la RDC, donde brindaban tratamiento y apoyo a los enfermos. Algunas de estas instalaciones fueron clave para contener los brotes.
- **Cuidado de los enfermos**: A pesar del alto riesgo de contagio, enfermeras, médicos y voluntarios cristianos ayudaban a los pacientes, siguiendo los protocolos de protección de la época.
- **Apoyo espiritual**: Además del cuidado físico, estos cristianos brindaban apoyo emocional y espiritual a los enfermos y sus familias, orando con ellos y llevándoles consuelo en medio de la crisis.
- **Educación y prevención**: Muchas comunidades no sabían cómo se transmitía el Ébola, por lo que médicos misioneros cristianos ayudaron a educar a la población

sobre medidas de higiene y prevención para reducir el contagio.

- **Sacrificio y martirio**: **Varios cristianos murieron** mientras cuidaban a los enfermos. Su servicio fue un testimonio de amor y entrega que impactó a muchas comunidades.

Ejemplo de organizaciones cristianas que ayudaron en la crisis del Ébola

Varios grupos cristianos han trabajado en la región desde hace décadas. Entre ellos:

- **Samaritan's Purse**: Organización cristiana que ha estado activa en la atención de enfermedades en África. Otra organización que conozco yo fue la misión pentecostal sueca.
- **Médicos Misioneros Cristianos**: Muchos de ellos trabajaban en hospitales rurales en el Congo.
- **Hermanas de la Caridad y otras órdenes religiosas**: Monjas y sacerdotes católicos brindaban atención médica y apoyo espiritual.
- **Iglesias locales y pastores**: Proporcionaban cuidado pastoral y organizaban ayuda para las comunidades afectadas.

Impacto del servicio cristiano en la crisis del Ébola

- **Ayuda:** brindaron ayuda cuando pocos querían hacerlo.
- **Vidas salvadas:** salvaron vidas al proporcionar tratamiento y educación sobre prevención.
- **Testimonio:** Dieron testimonio del amor cristiano, mostrando compasión y sacrificio.

- **Inspiración:** Inspiraron a futuras generaciones de médicos y misioneros a servir en zonas de crisis.

Reflexión

Así como en la **peste de Alejandría en el siglo III**, los cristianos en el Congo durante los brotes de Ébola en los años 1980-90 demostraron un amor radical al **servir a los enfermos sin temor**.

Dios es amor, por eso la esencia cristiana es el amor a Dios y al prójimo. Si somos cristianos, este amor va a brotar de nuestros corazones a un mundo en necesidad. Esto conquista las almas.

Carta a un futuro misionero

Querido misionero:

A lo largo de este libro, hemos hablado sobre la importancia de recibir un llamado claro al ministerio de las misiones por parte de Dios, así como de la preparación y el enfoque que debe tener el cristiano que deba realizar este trabajo.

Mi propósito ha sido aportarte una perspectiva completa sobre todos los desafíos que se pueden enfrentar desde los inicios en este ministerio, basándome en mi experiencia y la relación con otras personas consagradas al servicio del Señor.

Asimismo, hemos tocado temas cruciales como el matrimonio, la familia, los hijos, la planificación, la formación, el descanso, el regreso al país de origen, la frustración en los momentos difíciles o las persecuciones.

Si has leído este libro y estás deseando servir a Dios como misionero, te invito a poner en práctica lo que has leído. Y oro a Dios para que, con la ayuda del Espíritu Santo, puedas superar los obstáculos para cumplir el llamado de Dios para tu vida y ser de bendición para muchas personas en el lugar en el que tengas que ir.

Recuerda siempre que la obra es del Señor y no nuestra, que nosotros somos sus servidores y Él es el Maestro. Y que cuando hayamos terminado lo que Él ha preparado para nosotros y nos llame a Su Presencia, podamos escuchar las palabras de Mateo 25:21 (RVR1960): *"Y su señor le dijo: Bien, buen siervo y fiel; sobre poco has sido fiel, sobre mucho te pondré; entra en el gozo de tu señor".*